제5판

현 대 투 자 론

연습문제 풀이 및 해답집

박정식 · 박종원 · 엄윤성 공저

다 산 출 판 사

제1장　투자론의 기초개념

1.~9. : 본문참조

제2장　금융시장과 금융자산

1.~12. : 본문참조

제3장　증권시장구조와 증권시장지수

1.~12. : 본문참조

13.

식 3·1에서

$r_N = (1 + r_R)(1 + l) - 1$

따라서, $3\% = (1 + r_R)(1 + 2\%) - 1$

실질이자율 $r_R = 0.98\%$이다.

(주)대한기업 주식의 기대수익률 = 명목이자율 + 위험프리미엄

따라서, (주)대한기업 주식의 위험프리미엄은 5%(=8%−3%)이다.

14.

식 3·5에서, 시가총액지수 = $\dfrac{\text{비교시점의 채용종목의 시장가치합계}}{\text{기준시점의 채용종목의 시장가치합계}} \times 100$

따라서,

시가총액식 주가지수 = $\dfrac{(26{,}000 \times 500{,}000) + (110{,}000 \times 300{,}000)}{(20{,}000 \times 500{,}000) + (100{,}000 \times 300{,}000)} \times 100 = 115$

식 3·4에서, 다우-존스식 주가지수 = $\dfrac{\text{비교시점의 주가평균}}{\text{기준시점의 주가평균}} \times 100$

따라서, 다우-존스식 주가지수 = $\dfrac{(26{,}000 + 110{,}000)/2}{(20{,}000 + 100{,}000)/2} \times 100 = 113.3$

식 3·6에서, 균등가중지수 = $\dfrac{\text{채용종목의 가격변화비율의 합계}}{\text{채용종목의 수}} \times 100$

따라서,

균등가중지수 = $\dfrac{(26{,}000/20{,}000) + (110{,}000/100{,}000)}{2} \times 100 = 120$

15.

$$채권가격 = \frac{10,000}{(1.12)} + \frac{10,000}{(1.12)^2} + \frac{10,000}{(1.12)^3} + \frac{10,000}{(1.12)^4} + \frac{110,000}{(1.12)^5} = 92,790원$$

$$2년\ 후\ 채권가격 = \frac{10,000}{(1.12)} + \frac{10,000}{(1.12)^2} + \frac{110,000}{(1.12)^3} = 95,196원$$

2년간의 경과이자 및 이자의 재투자 수익 = 10,000 + 10,000 + 10,000 × 0.12 = 21,200원

따라서, 채권의 총수익지수 $= \frac{21,200 + 95,196}{92,790} \times 100 = 125.44$이며, 이자지수는 $\frac{20,000}{92,790} \times 100 = 21.55$이다.

한편, 채권의 가격지수는 경과이자의 반영여부에 따라 순가격지수와 시장가격지수로 구분할 수 있다. 순가격지수는 자본손익만을 반영하여 계산된다.

$$순가격지수 = \frac{95,196}{92,790} \times 100 = 102.59$$

시장가격지수는 경과이자를 반영하여 계산된다.

$$시장가격지수 = \frac{(95,196 + 20,000)}{92,790} \times 100 = 124.14$$

제4장 투자신탁과 투자회사

1.~11. : 본문참조

12.

① 12월 1일 현재 주당 $NAV = \frac{2조원 - 2,000억원}{1억주} = 18,000원$

② 신규발행주식수 $= \frac{36억원}{18,000원} = 200,000주$

③ 상환금액 = 18,000원 × 10만주 = 18억원

제5장 위험과 수익률

1.~3. : 본문참조

4.

① 자산의 기말가치의 기댓값 $E(X) = \frac{1}{2} \times 50,000 + \frac{1}{2} \times 150,000 = 100,000$

투자자의 요구수익률 = 무위험수익률 + 위험프리미엄 = 5% + 10% = 15%

따라서, 자산의 가격 = $\frac{100,000}{1.15}$ = 86,957원

② 기대수익률 = $\frac{100,000 - 86,957}{86,957}$ = 15%

③ 요구수익률 = 5% + 15% = 20%이므로, 자산의 가격 $\frac{100,000}{1.20}$ = 83,333원

④ 위험프리미엄이 커지면(10%→15%), 자산의 가격은 낮아진다(86,957원→83,333원). 즉, 위험프리미엄과 자산의 가격은 역의 관계를 갖는다.

5.

식 5·8과 식 5·9를 이용하자.

$E(r) = 0.2 \times (-10\%) + 0.3 \times (-5\%) + 0.3 \times 3\% + 0.2 \times 15\% = 0.4\%$

$\sigma^2 = (-10-0.4)^2 \times 0.2 + (-5-0.4)^2 \times 0.3 + (3-0.4)^2 \times 0.3 + (15-0.4)^2 \times 0.2 = 75.04\%^2$

$\sigma = \sqrt{75.04} = 8.66\%$

6.

식 5·8과 식 5·9를 이용하여 기대수익률과 분산을 계산하자.

기대수익률 :

$E(r_A) = 0.1(-18) + 0.3(33) + 0.2(15) + 0.2(-10) + 0.2(27) = 14.5(\%)$

$E(r_B) = 0.1(-14) + 0.3(22) + 0.2(30) + 0.2(-7) + 0.2(26) = 15(\%)$

분산 :

$$\sigma_A^2 = 0.1(-18 - 14.5)^2 + 0.3(33 - 14.5)^2 + 0.2(15 - 14.5)^2 + 0.2(-10 - 14.5)^2 + 0.2(27 - 14.5)^2 = 359.65(\%^2)$$

$$\sigma_B^2 = 0.1(-14 - 15)^2 + 0.3(22 - 15)^2 + 0.2(30 - 15)^2 + 0.2(-7 - 15)^2 + 0.2(26 - 15)^2 = 264.8(\%^2)$$

분산의 양의 제곱근을 취하여 표준편차를 구하면 다음과 같다.

$\sigma_A = \sqrt{\sigma_A^2} = \sqrt{359.65\%^2} = 18.96(\%)$

$\sigma_B = \sqrt{\sigma_B^2} = \sqrt{264.8\%^2} = 16.27(\%)$

식 5·12와 식 5·13을 이용하여 두 주식수익률 간의 공분산과 상관계수를 구하면 다음과 같다.

$$Cov(r_A,\ r_B) = 0.1(-18 - 14.5)(-14 - 15) + 0.2(33 - 14.5)(22 - 15)$$
$$+ \cdots +0.2(27 - 14.5)(26 - 15) = 269.9(\%^2)$$
$$Cov(r_A,\ r_B) = \frac{Cov(r_A, r_B)}{\sigma_A \times \sigma_B} = \frac{269.9(\%^2)}{18.96\% \times 16.27\%} = 0.875$$

7.

문제에서 주식 A는 주식 C로, 주식 B는 주식 D로 수정.

식 5·14, 식 5·15, 식 5·16을 이용하자.

산술평균수익률 :

$$\overline{r_C} = \frac{3+10+5-4+11}{5} = 5(\%), \qquad \overline{r_D} = \frac{-5+30+15-11+6}{5} = 7(\%)$$

표본분산 :

$$s_C^2 = \frac{(3-5)^2+(10-5)^2+(5-5)^2+(-4-5)^2+(11-5)^2}{5-1} = 36.5(\%^2)$$
$$s_D^2 = \frac{(-5-7)^2+(30-7)^2+(15-7)^2+(-11-7)^2+(6-7)^2}{5-1} = 265.5(\%^2)$$

표본표준편차 :

$$s_C = \sqrt{s_C^2} = \sqrt{36.5\%^2} = 6.04(\%), \qquad s_D = \sqrt{s_D^2} = \sqrt{265.5\%^2} = 16.29(\%)$$

표본공분산 :

$$s_{CD} = \frac{(3-5)(-5-7)+(10-5)(30-7)^2+\cdots+(11-5)(6-7)}{5-1} = 73.75(\%^2)$$

$$\text{표본상관계수} = \frac{73.75\%^2}{6.04\% \times 16.29\%} = 0.75$$

8.

① $E[u(E)] = \frac{1}{2}u(4{,}000{,}000) + \frac{1}{2}u(6{,}000{,}000)$

$= \frac{1}{2} \times \ln 4{,}000{,}000 + \frac{1}{2} \times \ln 6{,}000{,}000 = 15.4045$

② 확실성등가를 CEQ라 하면, $u(CEQ) = 15.4045$, $CEQ = e^{15.4045}$

따라서, $CEQ = 4{,}898{,}796$원

③ 위험프리미엄 = 기댓값 − 확실성등가로 계산할 수 있다.

따라서, 위험프리미엄 = 5,000,000 − 4,898,796 = 101,204원

④ ③에서 구했듯이, 도박의 위험을 제거해 주는 보험료로 갑돌이가 낼 수 있는 최대 금액은 도박의 위험프리미엄인 101,204원이다. 125,000 > 101,204이므로 구입하지 않는다.

⑤ 보유 부가 4,000,000원이라면,

$$E[u(W)] = \frac{1}{2} \times \ln 5{,}000{,}000 + \frac{1}{2} \times \ln 3{,}000{,}000 = 15.1695$$

따라서, $u(CEQ) = 15.1695 \quad CEQ = e^{15.1695} = 3{,}872{,}845$원

이 경우, 도박의 위험프리미엄은 $4{,}000{,}000 - 3{,}872{,}845 = 127{,}155$원이며,

$125{,}000 < 127{,}155$이므로, 보험을 구입한다.

9.

① $E(u_A) = 0.3u(-5) + 0.4u(0) + 0.3u(10) = 1.125$

② $E(u_B) = 0.25u(1) + 0.5u(3) + 0.25u(5) = 5.45$

③ $E(u_A) < E(u_B)$이므로, 투자안 B를 더 선호한다.

10.

① 식 5·8, 식 5·9, 식 5·10을 이용하여 기대수익률, 분산, 그리고 표준편차를 구하여 정리하면 다음과 같다.

	A	B	C	D
$E(r)$	7	6	9	7
σ^2	0	$\left(\frac{8}{3}\right)^2$	$\left(\frac{8}{3}\right)^2$	$\left(\frac{32}{3}\right)^2$
σ	0	$\left(\frac{8}{3}\right)$	$\left(\frac{8}{3}\right)$	$\left(\frac{32}{3}\right)$

② 식 5·17의 샤프비율을 투자안 B, C, D에 대해 구하면 다음과 같다.

$$SR_B = \frac{6-7}{8/3} = -0.375$$

$$SR_C = \frac{9-7}{8/3} = 0.75$$

$$SR_D = \frac{7-7}{32/3} = 0$$

③

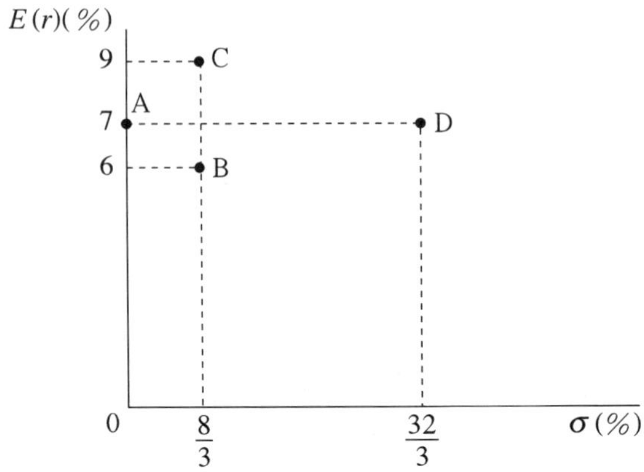

주식 A와 D는 기대수익률은 같으나 D가 더 큰 위험을 갖는다. 따라서 D는 A에 지배당한다. 주식 B와 C는 같은 위험을 가지나 기대수익률은 C가 더 크다. 따라서 C는 B를 지배한다. 따라서, 효율적 투자집합 = {A,C}.

④ 효율적 투자집합 중에서, 각 주식에 투자 시의 효용을 구해 보면 다음과 같다.

$u(A) = 7 - 0.5 \times 3 \times 0 = 7$

$u(C) = 9 - 0.5 \times 3 \times \left(\frac{8}{3}\right)^2 = -1.67$

따라서, 최적투자안은 A이다.

제6장 포트폴리오이론과 최적포트폴리오의 구성

1.~2. : 본문참조

3.

① $E(r_X) = 0.2(0.18 + 0.05 + 0.12 + 0.04 + 0.06) = 0.09$

$E(r_Y) = 0.2(0.00 - 0.03 + 0.15 + 0.12 + 0.01) = 0.05$

$\sigma_X^2 = 0.2\{(0.18-0.09)^2 + (0.05-0.09)^2 + (0.12-0.09)^2 + (0.04-0.09)^2 + (0.06-0.09)^2\}$

$= 0.2 \times 0.014 = 0.0028$

$\sigma_Y^2 = 0.2\{(0.00-0.05)^2 + (-0.03-0.05)^2 + (0.15-0.05)^2 + (0.12-0.05)^2 + (0.01-0.05)^2\}$
$= 0.2 \times 0.0254 = 0.00508$

② X, Y에 절반씩 투자한 포트폴리오의 기대수익률과 위험

식 6·3에 의해, $E(r_P) = \frac{1}{2} \times 0.09 + \frac{1}{2} \times 0.05 = 0.07$

식 6·4에 의해, $\sigma_P^2 = w_X^2 \sigma_X^2 + w_Y^2 \sigma_Y^2 + 2w_X w_Y \sigma_{XY}$

먼저 σ_{XY}를 구해 보자. $\sigma_{XY} = E[(X - E(X)][Y - E(Y)]$이므로,

$$\begin{aligned}\sigma_{XY} &= 0.2(0.18 - 0.09)(0.00 - 0.05) + 0.2(0.05 - 0.09)(-0.03 - 0.05)\\ &+ 0.2(0.12 - 0.09)(0.15 - 0.05) + 0.2(0.04 - 0.09)(0.12 - 0.05)\\ &+ 0.2(0.06 - 0.09)(0.01 - 0.05) = -0.00012\end{aligned}$$

따라서, $\sigma_P^2 = \left(\frac{1}{2}\right)^2 0.0028 + \left(\frac{1}{2}\right)^2 0.00508 + 2\left(\frac{1}{2}\right)\left(\frac{1}{2}\right)(-0.00012) = 0.00191$

X에 $\frac{1}{3}$, Y에 $\frac{2}{3}$ 비율로 투자한 포트폴리오의 기대수익률과 위험

$E(r_P) = \frac{1}{3} \times 0.09 + \frac{2}{3} \times 0.05 = 0.063$

$\sigma_P^2 = \left(\frac{1}{3}\right)^2 0.0028 + \left(\frac{2}{3}\right)^2 0.00508 + 2\left(\frac{1}{3}\right)\left(\frac{2}{3}\right)(-0.00012) = 0.00252$

③ 식 6·13에 의해,

$$w_X = \frac{\sigma_Y^2 - \sigma_{XY}}{\sigma_X^2 - 2\sigma_{XY} + \sigma_Y^2}$$

따라서, $w_X = \frac{0.00508 - (-0.00012)}{0.0028 - 2(-0.00012) + 0.00508} = \frac{0.0052}{0.00812} = 64.04\%$

X에 64.04%, Y에 35.96% 투자함으로써 최소분산 포트폴리오를 구성할 수 있다.

④ $\mathrm{Cov}\left(\frac{1}{2}X + \frac{1}{2}Y, \frac{1}{3}X + \frac{2}{3}Y\right)$

$= \mathrm{Cov}\left(\frac{1}{2}X, \frac{1}{3}X\right) + \mathrm{Cov}\left(\frac{1}{2}Y, \frac{2}{3}Y\right) + \mathrm{Cov}\left(\frac{1}{2}X, \frac{2}{3}Y\right) + \mathrm{Cov}\left(\frac{1}{2}Y, \frac{1}{3}X\right)$

$= \frac{1}{2} \times \frac{1}{3}\mathrm{Cov}(X, X) + \frac{1}{2} \times \frac{2}{3}\mathrm{Cov}(Y, Y) + \frac{1}{2} \times \frac{2}{3}\mathrm{Cov}(X, Y) + \frac{1}{2} \times \frac{1}{3}\mathrm{Cov}(X, Y)$

$= \frac{1}{6} \times 0.0028 + \frac{2}{6} \times 0.00508 + \frac{3}{6} \times (-0.00012) = 0.00214$

($\because$ $\mathrm{Cov}(X, X) = \sigma_X^2$ 이며, $\mathrm{Cov}(Y, Y) = \sigma_Y^2$)

4.

① (주)이지텍을 A라 하고, (주)라지텍을 B라 하면,

$E(r_p) = 0.14w_A + 0.08w_B$

$\sigma_P^2 = w_A^2 \sigma_A^2 + w_B^2 \sigma_B^2 + 2w_A w_B \rho_{AB} \sigma_A \sigma_B$

그런데, $\rho = -1.0$이므로,

$\sigma_P^2 = w_A^2 \sigma_A^2 + w_B^2 \sigma_B^2 - 2w_A w_B \sigma_A \sigma_B$

$\sigma_P = |w_A \sigma_A - w_B \sigma_B|$

따라서, $\sigma_P = w_A \sigma_A - w_B \sigma_B$ 또는 $\sigma_P = w_B \sigma_B - w_A \sigma_A$이다.

i . $\sigma_P = w_A \sigma_A - w_B \sigma_B$인 경우

$w_B = 1 - w_A$이고, 이를 $\sigma_P = w_A \sigma_A - w_B \sigma_B$에 대입하여 정리하면,

$w_A = \dfrac{\sigma_P + \sigma_B}{\sigma_A + \sigma_B}$이므로, 이를 기대수익률 식 $E(r_p) = E(r_A) \cdot w_A + E(r_A) \cdot w_B$의 w_A, w_B에 대입하여 정리하면, 기대수익률과 위험의 선형관계식을 다음과 같이 얻을 수 있다.

$$E(r_P) = \frac{\sigma_A E(r_B) + \sigma_B E(r_A)}{\sigma_A + \sigma_B} + \frac{E(r_A) + E(r_B)}{\sigma_A + \sigma_B} \cdot \sigma_P$$

$$= 0.107 + 0.33 \cdot \sigma_P$$

ii . $\sigma_P = w_B \sigma_B - w_A \sigma_A$인 경우. i 과 같은 절차를 거쳐,

$E(r_P) = 0.107 - 0.33 \cdot \sigma_P$

② 식 6·13과 6·14에 의하여, 최소분산 포트폴리오를 구성하는 두 주식의 비중을 구할 수 있다.

$$w_A = \frac{\sigma_B^2 - \sigma_{AB}}{\sigma_A^2 + \sigma_B^2 - 2\sigma_{AB}} = \frac{0.08^2 + 0.008}{0.1^2 + 0.08^2 + 2 \times 0.008} = \frac{4}{9}$$

$(\sigma_{AB} = \rho_{AB} \sigma_A \sigma_B = -1 \times 0.1 \times 0.08 = -0.008)$

$w_B = 1 - \dfrac{4}{9} = \dfrac{5}{9}$

따라서, 이지텍에 $\frac{4}{9}$, 라지텍에 $\frac{5}{9}$만큼 투자하여 최소분산 포트폴리오를 구성할 수 있다. 구성된 최소분산 포트폴리오의 기대수익률과 위험은 다음과 같다.

$$E(r_P) = \frac{4}{9} \times 0.14 + \frac{5}{9} \times 0.08 = 10.66\%$$

$$\sigma_P^2 = \left(\frac{4}{9}\right)^2 \times (0.1)^2 + \left(\frac{5}{9}\right)^2 \times (0.08)^2 + 2 \times \left(\frac{4}{9}\right) \times \left(\frac{5}{9}\right) \times (-0.008) = 0$$

③ 식 6·6을 이용하면, $\sigma_P^2 = w_A \sigma_{AP} + w_B \sigma_{BP}$이다. 그런데, 식 6·5를 통해, $\sigma_{AP} = w_A \sigma_A^2 + w_B \sigma_{AB}$이고, $\sigma_{BP} = w_B \sigma_B^2 + w_B \sigma_{AB}$임을 알 수 있다. 따라서,

$$\sigma_{AP} = \frac{4}{9} \times (0.1)^2 + \frac{5}{9} \times (-0.008) = 0$$

$$\sigma_{BP} = \frac{5}{9} \times (0.08)^2 + \frac{4}{9} \times (-0.008)\,0 = 0$$

즉, ②에서 구성된 최소분산 포트폴리오는 위험이 0인 무위험 포트폴리오이며, (주)이지텍과 (주)라지텍의 포트폴리오 위험에 대한 기여도는 각기 0이다.

5.

식 6·18을 사용하여 풀 수 있다.

$$\sigma_P^2 = \frac{1}{n} \cdot \overline{\sigma_i^2} + \left(1 - \frac{1}{n}\right) \cdot \overline{\sigma_{ij}}$$

$n = 2$일 때 $\frac{1}{2} \cdot \overline{\sigma_i^2} + \frac{1}{2} \cdot \overline{\sigma_{ij}} = 17.2$, $n = 4$일 때 $\frac{1}{4} \cdot \overline{\sigma_i^2} + \frac{3}{4} \cdot \overline{\sigma_{ij}} = 15.8$이므로, 두 식을 연립하여 풀면 $\overline{\sigma_i^2} = 20, \overline{\sigma_{ij}} = 14.4$이다.

따라서, $n = 1$일 때 $\sigma_P^2 = 20$, $n = 100$일 때 $\sigma_P^2 = 14.456$, $n = \infty$일 때 $\sigma_P^2 = 14.4$이다.

6.

① $E(r_X) = 0.25 \times (-0.10) + 0.50 \times 0.10 + 0.25 \times 0.30 = 0.10$

$E(r_Y) = 0.25 \times 0.00 + 0.50 \times 0.05 + 0.25 \times 0.10 = 0.05$

$E(r_Z) = 0.25 \times 0.10 + 0.50 \times 0.05 + 0.25 \times 0.00 = 0.05$

$\sigma_X = \sqrt{(-0.10 - 0.10)^2 0.25 + (0.10 - 0.10)^2 0.50 + (0.30 - 0.10)^2 0.25} = 0.1414$

$\sigma_Y = \sqrt{(0.00 - 0.05)^2 0.25 + (0.05 - 0.05)^2 0.50 + (0.10 - 0.05)^2 0.25} = 0.0354$

$\sigma_Z = \sqrt{(0.10 - 0.05)^2 0.25 + (0.05 - 0.05)^2 0.50 + (0.00 - 0.05)^2 0.25} = 0.0354$

② $\sigma_{XY} = 0.25(-0.10 - 0.10)(0.00 - 0.05) + 0.5(0.10 - 0.10)(0.05 - 0.05)$
$+ 0.25(0.30 - 0.10)(0.10 - 0.05)$
$= 0.005$

$$\rho_{XY} = \frac{\sigma_{XY}}{\sigma_X \cdot \sigma_Y} = \frac{0.005}{(0.1414)(0.0354)} = 1$$

$\sigma_{XZ} = 0.25(-0.10 - 0.10)(0.10 - 0.05) + 0.5(0.10 - 0.10)(0.05 - 0.05)$
$+ 0.25(0.30 - 0.10)(0.00 - 0.05)$
$= -0.005$

$$\rho_{XZ} = \frac{\sigma_{XZ}}{\sigma_X \cdot \sigma_Z} = \frac{-0.005}{(0.1414)(0.0354)} = -1$$

③

i. 주식 X와 Y에 50%씩 투자한 포트폴리오의 기대수익률과 분산

$E(r_P) = 0.5 \times 0.10 + 0.5 \times 0.05 = 0.075$

$\sigma_P^2 = w_X^2 \sigma_X^2 + w_Y^2 \sigma_Y^2 + 2 w_X w_Y \sigma_{XY}$
$= (0.5)^2 (0.1414)^2 + (0.5)^2 (0.0354)^2 + 2(0.5)(0.5)(0.005)$
$= 0.0078$

ii. 주식 X와 Z에 50%씩 투자한 포트폴리오의 기대수익률과 분산

$E(r_P) = 0.5 \times 0.10 + 0.5 \times 0.05 = 0.075$

$\sigma_P^2 = (0.5)^2(0.1414)^2 + (0.5)^2(0.0354)^2 + 2(0.5)(0.5)(-0.005)$
$= 0.0028$

X와 Z로 포트폴리오를 구성할 경우 투자위험이 더 크게 감소하는 이유는 X와 Z가 서로 반대방향으로 변동하여 σ_{XZ}가 음의 값을 가지므로 분산투자 효과가 더 크게 발생하기 때문이다.

④ X와 Z로 구성되는 포트폴리오의 기대수익률과 표준편차

w_X	w_Z	$E(r_P)$	σ_P
100%	0%	10.0%	14.1%
80	20	9.0	10.6
50	50	7.5	5.3
20	80	6.0	0.0
0	100	5.0	3.5
−20	120	4.0	7.0

포트폴리오 투자선

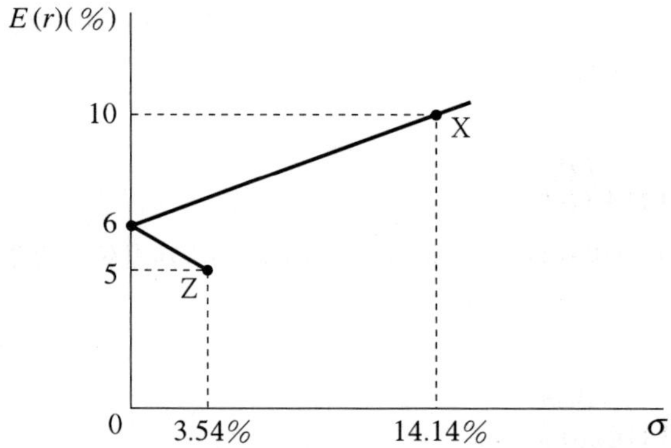

⑤ ④의 표로부터, $w_X = 20\%$, $w_Z = 80\%$일 때 $\sigma_P = 0$임을 알 수 있다.

7.

① 모든 주식의 표준편차가 같으며, 모든 주식들 간의 상관관계가 같으므로,

$\sigma_P^2 = \frac{1}{n} \cdot \overline{\sigma_i^2} + \left(1 - \frac{1}{n}\right) \cdot \overline{\sigma_{ij}} = \frac{1}{n} \cdot \sigma^2 + \left(1 - \frac{1}{n}\right) \cdot \rho \cdot \sigma^2$임을 알 수 있다.

따라서, $\sigma_P^2 = \frac{1}{25}(0.36) + \frac{24}{25}(0.5)(0.36) = 0.1872$,

$\sigma_P = 43.2\%$, $E(r_P) = 15\%$이다.

② 주식의 수가 무수히 많을 때 시장의 궁극적인 체계적 위험은 주식들 간에 갖는 공분산의 평균값으로 수렴한다. 평균공분산 $= \overline{\sigma_{ij}} = \rho\sigma^2 = 0.18$이므로 시장의 궁극적 위험 $\sigma = \sqrt{0.18} = 42.42\%$가 된다.

③ $\sigma_P^2 = \frac{1}{n} \cdot \sigma^2 + \left(1 - \frac{1}{n}\right) \cdot \rho \cdot \sigma^2$에서, $\rho = 0$이면 $\sigma_P^2 = \frac{1}{n} \cdot \sigma^2$가 된다. 따라서 n이 무한히 커지게 되면 시장의 궁극적인 체계적 위험은 0으로 수렴하게 된다.

8~10. : 본문참조

11.

① $E(r_P) = 0.6 \times 15\% + 0.4 \times 10\% = 13\%$

식 6·24에 의해, $\sigma_P = 0.6 \times 30\% = 18\%$

② 한라투자신탁 포트폴리오의 위험보상비율 $= \frac{E(r_i) - r_f}{\sigma_i} = \frac{15 - 10}{30} = 0.167$

③

	구성종목	구성비율(%)	투자금액(원)
한라투자신탁	주식 A	30×0.6 = 18	18,000,000
	주식 B	20×0.6 = 12	12,000,000
	주식 C	40×0.6 = 24	24,000,000
	주식 D	10×0.6 = 6	6,000,000
		60	60,000,000
정기예금		40	40,000,000
	계	100	100,000,000

④ 갑돌이가 구성한 포트폴리오의 위험보상비율 $= \frac{13 - 10}{18} = 0.167$

⑤

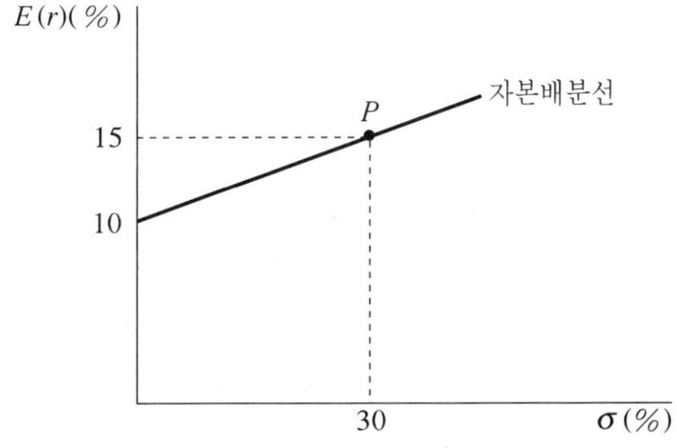

⑥ $E(r_P) = 15 \times w_1 + 10 \times (1 - w_1)$이므로, 20%의 수익률을 얻기 위해서,

$20 = 15 \times w_1 + 10 \times (1 - w_1)$이 된다.

따라서, $w_1 = 2$임을 알 수 있다.

즉, 갑순이는 현재의 자금 5000만원과 10% 이자율로 차입한 5000만원을 합한 1억원을 한라투자신탁의 포트폴리오에 투자해야 한다. 이때의 표준편차는

$\sigma_P = 2 \times 30\% = 60\%$가 된다.

⑦ $u = E(r_P) - 0.005 \times 2 \times \sigma_P^2$일 경우,

$E(r_P) = 15 \times w + 10 \times (1 - w)$와 $\sigma_P^2 = w^2 \times (30)^2$을 이 효용함수 식에 대입하면

$u = -9w^2 + 5w + 10$을 얻을 수 있다. 효용을 가장 크게 하는 최적포트폴리오의 구성은 효용함수 u를 w에 대해 미분하여 0으로 놓아 구할 수 있다.

$\frac{du}{dw} = -18w + 5 = 0$이므로 $w = \frac{5}{18}$임을 알 수 있다.

즉, 이 투자자는 한라투자신탁의 포트폴리오에 보유자금의 $\frac{5}{18}$를, 정기예금에 $\frac{13}{18}$을 투자할 것이다. 이때의 기대수익률과 표준편차는

$E(r_P) = \frac{5}{18} \times 15 + \frac{13}{18} \times 10 = 11.39\%$

$\sigma_P = \frac{5}{18} \times 30 = 8.33\%$가 된다.

12.

① 자본배분선

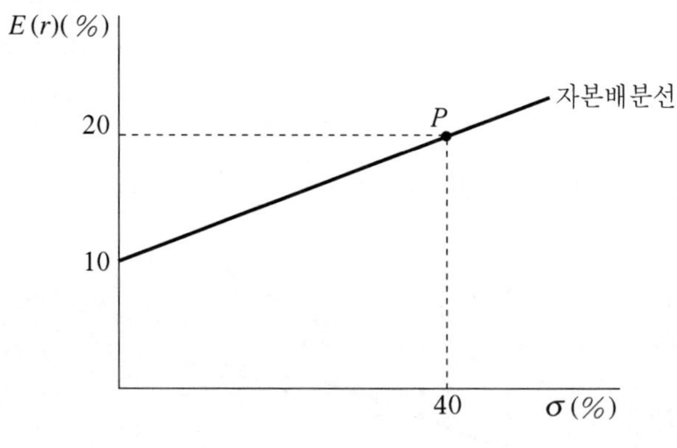

② 문제11의 한라투자신탁 포트폴리오의 위험보상비율은 0.167이나, (주)한국증권 지수펀드의 위험보상비율은 $\frac{20 - 10}{40} = 0.25$이다. 이는 위험단위당 보상이 (주)한국증권의 지수펀드가 더 높음을 의미한다. 즉 (주)한국증권의 지수펀드에 투자할 때 한라투자신탁의 포트폴리오에 투자하는 것에 비해 투자자의 효용함수와 무관하게 동일한 위험에 대해 높

은 수준의 수익률을 얻을 수 있음을 뜻한다.

13.

우선, A와 B에 각기 $\frac{2}{3}$와 $\frac{1}{3}$씩 투자하는 위험자산 포트폴리오의 기대수익률과 표준편차를 구해 보자.

$E(r_{PAB}) = \frac{2}{3} \times 10\% + \frac{1}{3} \times 16\% = 12\%$

$\sigma^2_{PAB} = \left(\frac{2}{3}\right)^2 0.09 + \left(\frac{1}{3}\right)^2 0.25 + \frac{2}{3} \times \frac{1}{3} \times 0 \times 0.3 \times 0.5 = 0.0678$

$\sigma_{PAB} = 26\%$

이제, 위험자산 포트폴리오에 150%, 무위험자산 포트폴리오에 −50% 비율로 투자한 차입 포트폴리오의 기대수익률과 위험을 계산해 보면

$E(r_P) = 1.5 \times 12\% + (-0.5) \times 5\% = 15.5\%$

$\sigma_P = 1.5 \times 26\% = 39\%$가 된다.

14.

① 상관계수가 +1이나 −1이 아닐 경우 두 자산으로 구성되는 효율적 투자기회집합의 기대수익률과 위험의 관계는 비선형관계가 됨을 제2절에서 배운 바 있다. 따라서, 이 포트폴리오의 최소분산 포트폴리오를 찾기 위해 A와 B로 구성된 포트폴리오의 분산식을 구해 본다.

$\sigma^2_{AB} = 0.12w_A^2 + 0.20(1 - w_A)^2 + 2w_A(1 - w_A)0.3 \times 0.12 \times 0.2$

위의 식을 정리한 후 w_A에 대해 미분하여 0으로 놓으면

$\frac{d\sigma^2_{AB}}{dw_A} = 0.08w_A - 0.0656 = 0$이므로, $w_A = 0.82$이다.

따라서, A에 82%, B에 18%를 투자할 경우 최소분산 포트폴리오를 구성할 수 있다.

이때의 기대수익률과 분산은

$E(r_{AB}) = 0.82 \times 8\% + 0.18 \times 13\% = 8.9\%$

$\sigma^2_{AB} = (0.82)^2(0.12)^2 + (0.18)^2(0.20)^2 + 2(0.82)(0.18)(0.30)(0.12)(0.20) = 0.013104$

$\sigma_{AB} = 11.45\%$가 된다. 이제 각 점을 도시하면 다음과 같다.

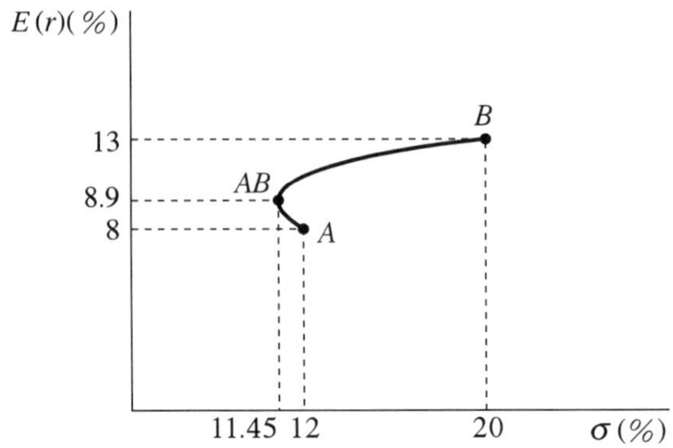

② 식 6·27에서,

최대화 $S_P = \dfrac{E(r_P) - r_f}{\sigma_P}$

단, $E(r_P) = w_A \cdot E(r_A) + w_B \cdot E(r_B)$

$\sigma_P = \left[w_A^2\sigma_A^2 + w_B^2\sigma_B^2 + 2w_A w_B \sigma_{AB}\right]^{\frac{1}{2}}$

$w_A + w_B = 1$

최적화를 위한 1차조건에 의해 S_P를 w_A에 대해 1차미분한 값을 0으로 놓고 풀면 최적위험자산 포트폴리오가 얻어진다.

$\dfrac{dS_P}{dw_A} = \sim = 0$, 여기서 w_A와 w_B를 구하면

$w_A = 0.4 \quad w_B = 0.6$이다.

따라서, A에 40%, B에 60% 투자한 포트폴리오가 접점포트폴리오가 되고, 이는 곧 최적위험자산 포트폴리오이다.

③ 최적위험자산 포트폴리오에 대한 투자비율을 w, 무위험자산에 대한 투자비율을 $(1-w)$라 하면, 최적포트폴리오를 구하는 식은 다음과 같다.

$u = E(r_P) - 0.005A\sigma_P^2$

단, $E(r_P) = 11w + 5(1-w), \quad \sigma_P = 14.2w$

그러므로, $\dfrac{du}{dw} = (11-5) - 0.01Aw(14.2)^2 = 0$

위 식에, $A = 5$를 대입하여 풀면, $w = 0.595$이다.

따라서, 최적포트폴리오는 최적위험자산 포트폴리오에 59.5%, 무위험자산에 40.5%를 투자하여 구성된다. 최적포트폴리오의 기대수익률과 표준편차는

$E(r_P) = 8.57\%, \quad \sigma_P = 8.45\%$이다.

④ 확실성등가수익률 $= 8.57 - 0.005 \times 5 \times (8.45)^2 = 6.785\%$

⑤ ②에서 최적위험자산 포트폴리오 P를 구했다. 따라서 이제 투자자가 선택 가능한 효율적 포트폴리오들은 무위험자산과 P를 결합하여 만들어지는 자본배분선상에 존재한다.

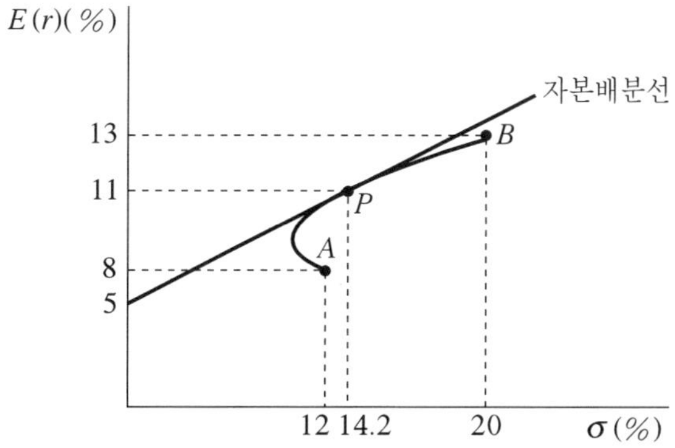

이러한 자본배분선은 투자자의 효용함수와 무관하게 구해졌으며 P는 A에 40%, B에 60%를 투자하여 얻어진다. 이제 효용을 극대화하는 최적포트폴리오는 주어진 자본배분선상의 포트폴리오들 중 효용무차별곡선과 접하는 포트폴리오가 선택되며, 이는 투자자 개개인의 주관적인 위험회피성향에 따라 결정된다.

제7장 자본자산가격결정모형과 다요인모형

1.~4. : 본문참조

5.

① 시장포트폴리오는 A, B, C 세 주식으로 구성된 포트폴리오이다. 세 주식의 시장가치비율은 다음과 같다.

주식	시장가치	구성비율
A	10,000×40,000=4억원	40%
B	20,000×10,000=2억원	20%
C	20,000×20,000=4억원	40%
계	10억원	100%

따라서 시장포트폴리오 = $0.4A + 0.2B + 0.4C$이다.

$$\sigma_m^2 = (0.4)^2\sigma_A^2 + (0.2)^2\sigma_B^2 + (0.4)^2\sigma_C^2 + 2\times0.4\times0.2\times\sigma_{AB} + 2\times0.4\times0.4\times\sigma_{AC} + 2\times0.2\times0.4\times\sigma_{BC}$$

$=(0.4)^2(0.12)^2+(0.2)^2(0.15)^2+(0.4)^2(0.1)^2$

$+2\times0.4\times0.2\times(-1)\times(0.12)\times(0.15)$

$+2\times0.4\times0.4\times(0.2)\times(0.12)\times(0.1)$

$+2\times0.2\times0.4\times(-0.2)\times(0.15)\times(0.1)$

$=0.0022$

따라서, $\sigma_m=0.0469\%$

② 주식 A와 B의 상관계수는 −1이므로 두 주식을 결합하여 위험이 0인 포트폴리오를 구성할 수 있다. 최소분산 포트폴리오를 구하는 식 6·13을 이용하면,

$$w_A=\frac{\sigma_B^2-\sigma_{AB}}{\sigma_A^2+\sigma_B^2-2\sigma_{AB}}=\frac{\sigma_B^2+\sigma_A\cdot\sigma_B}{\sigma_A^2+\sigma_B^2+2\sigma_A\cdot\sigma_B}\quad(\because\rho_{AB}=-1)$$

$$=\frac{(0.15)^2+(0.12)(0.15)}{(0.12)^2+(0.15)^2+2(0.12)(0.15)}=0.5556$$

따라서, A에 55.56%, B에 44.44%를 투자하면 위험이 0인 포트폴리오를 만들 수 있다.

③ 주식 D가 시장에 들어온 이후 시장포트폴리오의 구성은 기존의 시장포트폴리오 80%, 주식 D 20%이다. 기존시장포트폴리오의 수익률을 r_{Om}이라 하면,

$r_m=0.8\times r_{Om}+0.2\times r_D$이며

$\sigma_m^2=(0.8)^2\times\sigma_{Om}^2+(0.2)^2\times\sigma_D^2+2\times(0.8)\times(0.2)\times\text{Cov}(r_{Om},r_D)$

문제 ①에서 $\sigma_{Om}^2=0.0022$이며, $\sigma_D^2=0.04$

$\text{Cov}(r_{Om},r_D)=\rho_{Om,D}\cdot\sigma_{Om}\cdot\sigma_D=0.5\times0.0469\times0.2=0.00469$

따라서, $\sigma_m^2=0.00448$이다.

주식 D가 시장의 위험에 미치는 영향은

$w_D\sigma_{Dm}=w_D(w_D\sigma_D^2+w_{Om}\sigma_{D,Om})=0.00235$이다.

6.

①

	시장포트폴리오	주식 A
$E(r)$	0.116	0.17
σ^2	0.00603	0.0121
σ	0.0776	0.11

$$CML : E(r_P) = r_f + \left[\frac{E(r_m) - r_f}{\sigma_m}\right] \cdot \sigma_P$$

$$= 0.04 + \left[\frac{0.116 - 0.04}{0.0776}\right] \cdot \sigma_P = 0.04 + 0.98\sigma_P$$

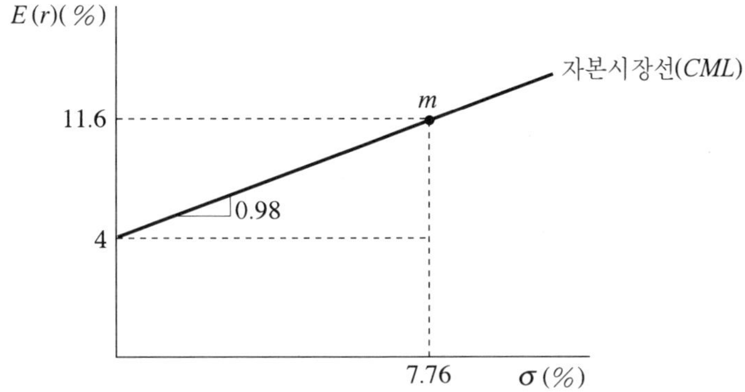

② $SML : E(r_i) = r_f + [E(r_m) - r_f] \cdot \beta_i$

$= 0.04 + 0.076 \cdot \beta_i$

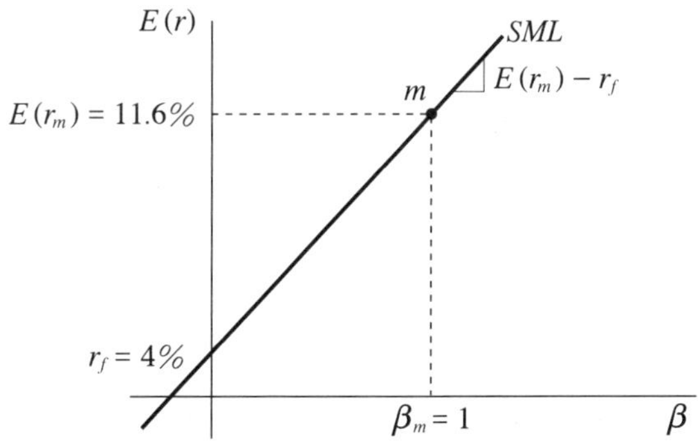

③ $\sigma_{Am} = 0.2(0.30 - 0.17)(0.18 - 0.116) + 0.4(0.10 - 0.17)(0.15 - 0.116)$

$= 0.3(0.25 - 0.17)(0.10 - 0.116) + 0.1(-0.05 - 0.17)(-0.10 - 0.116)$

$= 0.00508$

그러므로, $\beta_A = \dfrac{\sigma_{Am}}{\sigma_m^2} = \dfrac{0.00508}{0.006024} = 0.8433$

$E(r_A) = 0.04 + 0.076 \times 0.8433 = 0.104$

④ 시장에서의 예상수익률(17%) > 요구수익률(10.4%)

따라서, 주식 A는 과소평가되어 있음을 알 수 있다.

7.

① CAPM의 증권시장선 식 7·19에 의해

$\frac{E(r_A)-r_f}{\beta_A}=E(r_m)-r_f$, 따라서, $E(r_m)-r_f=\frac{20\%}{1.6}=12.5\%$이다.

② $E(r_B)-r_f=[E(r_m)-r_f]\cdot\beta_B=12.5\%\times0.48=6\%$이다.

③ $\beta_P=\frac{1}{2}\times\beta_A+\frac{1}{2}\beta_B=\frac{1}{2}\times1.6+\frac{1}{2}\times0.48=1.04$

$E(r_P)-r_f=[E(r_m)-r_f]\cdot\beta_P=12.5\times1.04=13\%$

④ 이 포트폴리오를 Q라 하면, $\rho_{Qm}=+1$이므로

$\mathrm{Cov}(r_Q,r_m)=\sigma_Q\cdot\sigma_m=0.09\cdot0.06=0.0054$

$\beta_Q=\frac{\mathrm{Cov}(r_Q,r_m)}{\sigma_m^2}=\frac{0.0054}{(0.06)^2}=1.5$

$E(r_Q)-r_f=[E(r_m)-r_f]\cdot\beta_Q=12.5\times1.5=18.75\%$

8.

① 결정계수(R^2)란, 특정 주식의 수익률의 변동 중 시장모형에 의해 설명되는 변동의 비율을 말한다. 시장모형에서 결정계수는 특정 주식의 총위험(σ_i^2) 중 체계적 위험($\beta_i^2\sigma_m^2$)이 차지하는 비율로 계산된다.

$R_A^2=\frac{\beta_A^2\sigma_m^2}{\sigma_A^2}=\frac{(0.65)^2(0.25)^2}{\sigma_A^2}=0.15$

그러므로, $\sigma_A^2=0.176$, $\sigma_A=0.4196$

마찬가지로, $R_B^2=\frac{(0.10)^2(0.25)^2}{\sigma_B^2}=0.30$

$\sigma_B^2=0.2521$ $\sigma_B=0.5021$

② 시장모형이 성립하는 경우, $\sigma_i^2=\beta_i^2\sigma_m^2+\sigma_{ei}^2$이다. 이를 이용하면,

주식 A의 체계적 위험 : $0.176\times0.15=0.02624$ 또는 $(0.65)^2(0.25)^2=0.0264$

비체계적 위험 : $0.176\times(1-0.15)=0.1496$

주식 B의 체계적 위험 : $0.2521\times0.3=0.07563$ 또는 $(1.10)^2(0.25)^2=0.07563$

비체계적 위험 : $(0.2521)\times(1-0.3)=0.17647$

③ 시장모형이 성립하고 e_A와 e_B가 서로 상관되어 있지 않은 경우에 A와 B의 공분산은 A와 B의 베타에 시장포트폴리오 수익률의 분산을 곱한 값으로 계산될 수 있다.

$\sigma_{AB}=\beta_A\cdot\beta_B\cdot\sigma_m^2=0.65\times1.1\times0.25^2=0.0447$

$\rho_{AB}=\frac{0.0447}{\sqrt{0.176}\cdot\sqrt{0.2521}}=0.212$

④ $\beta_A = \dfrac{\sigma_{Am}}{\sigma_m^2} = 0.65$, 따라서 $\sigma_{Am} = 0.040625$

$\beta_B = \dfrac{\sigma_{Bm}}{\sigma_m^2} = 1.1$. 따라서, $\sigma_{Bm} = 0.06875$

⑤ $\sigma_P^2 = 0.6^2 \cdot 0.176 + 0.4^2 \cdot 0.252 + 2 \cdot 0.6 \cdot 0.4 \cdot 0.0447 = 0.1251$

따라서, $\sigma_P = 0.354$가 된다.

$\beta_P = 0.6 \cdot 0.65 + 0.4 \cdot 1.10 = 0.83$

체계적 위험 : $\beta_P^2 \cdot \sigma_m^2 = (0.83)^2 (0.25)^2 = 0.043$

비체계적 위험 : $\sigma_{eP}^2 = \sigma_P^2 - \beta_P^2 \cdot \sigma_m^2 = 0.125088 - 0.043 = 0.082088$

9.

① 증권시장선의 도출

$E(r_m) = \frac{1}{6}(0.12 - 0.03 + 0.27 + 0.12 - 0.03 + 0.27) = 0.12$

따라서, $E(r_j) = 0.066 + [0.12 - 0.066]\beta_j$

$\quad = 0.066 + 0.054 \cdot \beta_j$

② 우선, 한라(주)의 β를 구하기 위해 한라(주)의 수익률과 시장수익률의 공분산과 시장수익률의 분산을 구해야 한다.

$E(r_{한라}) = \frac{1}{6}(0.10 - 0.05 + 0.15 + 0.25 + 0.30 + 0.20) = 0.158$

$$\sigma_{m,\,한라} = \left(\frac{1}{6-1}\right)[(0.12 - 0.12)(0.1 - 0.158) + (-0.03 - 0.12)(-0.05 - 0.158) + (0.27 - 0.12)(0.15 - 0.158) + (0.12 - 0.12)(0.25 - 0.158) + (-0.03 - 0.12)(0.3 - 0.158) + (0.27 - 0.12)(0.2 - 0.158)] = 0.003$$

$$\sigma_m^2 = \left(\frac{1}{6-1}\right)[(0.12 - 0.12)^2 + (-0.03 - 0.12)^2 + (0.27 - 0.12)^2 + (0.12 - 0.12)^2 + (-0.03 - 0.12)^2 + (0.27 - 0.12)^2] = 0.018$$

따라서, $\beta_{한라} = \dfrac{\sigma_{m,\,한라}}{\sigma_m^2} = \dfrac{0.003}{0.018} = 0.167$

그러므로, 한라(주)의 요구수익률은 $0.066 + 0.054 \cdot 0.167 = 0.07502$이다.

③ 한라(주)의 평균수익률이 15.8%인데 CAPM에 의한 요구수익률은 7.5%이므로 한라(주) 주식은 과소평가되어 있다.

10.

① $\sigma_{ij} = \Sigma p_i (r_i - E(r_i))(r_j - E(r_j))$이므로,

$$\sigma_{1m} = (0.25)[(0.4 - 0.25)(0.35 - 0.15) + (0.36 - 0.25)(0.2 - 0.15) + (0.24 - 0.25)(0.13 - 0.15) + (0 - 0.25)(-0.08 - 0.15)] = 0.0233$$

$$\sigma_{2m} = (0.25)[(0.6 - 0.2)(0.35 - 0.15) + (0.3 - 0.2)(0.2 - 0.15) + (0.16 - 0.2)(0.13 - 0.15) + (-0.26 - 0.2)(-0.08 - 0.15)] = 0.0479$$

$$\sigma_{3m} = (0.25)[(0.2 - 0.095)(0.35 - 0.15) + (0.12 - 0.095)(0.2 - 0.15) + (0.08 - 0.095)(0.13 - 0.15) + (-0.02 - 0.095)(-0.08 - 0.15)] = 0.01225$$

따라서, 각 펀드의 베타를 구해 보면,

$\beta_1 = \dfrac{\sigma_{1m}}{\sigma_m^2} = \dfrac{0.0233}{0.02395} = 0.97$, $\beta_2 = \dfrac{\sigma_{2m}}{\sigma_m^2} = \dfrac{0.0479}{0.02395} = 2$, $\beta_3 = \dfrac{\sigma_{3m}}{\sigma_m^2} = \dfrac{0.01225}{0.02395} = 0.51$이다.

CAPM하의 각 펀드의 균형수익률(즉, 요구수익률)은

$E(r_1) = 0.09 + [0.15 - 0.09] \cdot 0.97 = 0.1482$

$E(r_2) = 0.09 + [0.15 - 0.09] \cdot 2 = 0.21$

$E(r_3) = 0.09 + [0.15 - 0.09] \cdot 0.51 = 0.1206$

② 관악(주)는 세 펀드로 구성된 포트폴리오이며, 세 펀드의 규모는 동일하므로 관악(주)의 베타는

$$\beta_{관악} = \left(\frac{1}{3}\right)(0.97 + 2 + 0.51) = 1.16$$

시장포트폴리오의 기대수익률은 15%이며 무위험이자율은 9%이다.

$E(r_{관악}) = r_f + [E(r_m) - r_f] \cdot \beta_{관악} = 0.09 + 0.06 \cdot 1.16 = 0.1596$이다.

③ 관악(주)의 베타 1.16은 기업 전체의 베타를 의미한다. 관악(주)가 자본의 30%를 무위험부채로, 70%를 주식발행으로 조달하여 구성할 경우, 관악(주)는 자본의 포트폴리오로 파악할 수 있다. 부채의 베타를 β_D, 주식의 베타를 β_L이라 하면,

$\beta_{관악} = \beta_D\left(\dfrac{3}{10}\right) + \beta_L\left(\dfrac{7}{10}\right)$ 여기서, $\beta_D = 0$이고, $\beta_{관악} = 1.16$이므로, 이를 대입하여 풀면,

$\beta_L = 1.66$이다.

④ CAPM에 의한 각 펀드의 균형수익률과 시장에서 기대되는 수익률을 비교해 보자.

펀드	균형수익률	기대수익률	과대 또는 과소 평가 여부
펀드 1	0.1482	0.25	과소평가
펀드 2	0.21	0.20	과대평가
펀드 3	0.1206	0.095	과대평가

시장에서 기대되는 수익률이 CAPM에 의한 균형수익률보다 작은(즉, 과대평가된) 펀드 2, 3을 처분한다.

11.

① 시장포트폴리오는 X와 Y로만 구성된 포트폴리오이므로,

$E(r_m) = w_X E(r_X) + (1 - w_X) E(r_Y)$가 된다.

$0.15 = w_X \cdot 0.20 + (1 - w_X) \cdot 0.10$

따라서, $w_X = \frac{1}{2}$이다. 즉, 시장포트폴리오는 X와 Y에 $\frac{1}{2}$씩 투자한 포트폴리오이다.

② 시장이 두 종목으로만 구성되어 있기 때문에, 제로-베타 포트폴리오의 수익률(r_Z)은 $r_Z = w_X r_X + (1 - w_X) r_Y$가 되고, ①에서 시장포트폴리오는 $r_m = \frac{1}{2} r_X + \frac{1}{2} r_Y$임을 확인하였다. 제로-베타 포트폴리오의 정의에 의해,

$\text{Cov}(r_m, r_Z) = \text{Cov}(\frac{1}{2} r_X + \frac{1}{2} r_Y, w_X r_X + (1 - w_X) r_Y) = 0$이다.

$$\text{Cov}\left(\frac{1}{2} r_X + \frac{1}{2} r_Y, w_X r_X + (1 - w_X) r_Y\right)$$
$$= \text{Cov}\left(\frac{1}{2} r_X, w_X r_X\right) + \text{Cov}\left(\frac{1}{2} r_X, (1 - w_X) r_Y\right) + \text{Cov}\left(\frac{1}{2} r_Y, w_X r_X\right) + \text{Cov}\left(\frac{1}{2} r_Y, (1 - w_X) r_Y\right)$$
$$= \frac{1}{2} w_X \text{Cov}(r_X, r_X) + \left\{\frac{1}{2}(1 - w_X) + \frac{1}{2} w_X\right\} \cdot \text{Cov}(r_X, r_Y) + \frac{1}{2}(1 - w_X) \text{Cov}(r_Y, r_Y)$$

여기서, $\text{Cov}(r_X, r_X) = \sigma_X^2, \text{Cov}(r_Y, r_Y) = \sigma_Y^2, \text{Cov}(r_X, r_Y) = \rho_{XY} \cdot \sigma_X \cdot \sigma_Y = 0$

따라서 $\text{Cov}(r_m, r_Z) = \frac{1}{2} w_X \cdot 0.04 + \frac{1}{2}(1 - w_X) \cdot 0.01 = 0$이 된다.

이를 풀면, $w_X = -\frac{1}{3}$을 얻을 수 있다. 즉, X를 $\frac{1}{3}$ 만큼 공매하고, Y에 $\frac{4}{3}$만큼 투자할 경우 시장포트폴리오와 공분산이 0인 제로-베타 포트폴리오를 구성할 수 있다. 이때 기대수익률과 분산은

$$E(r_Z) = -\frac{1}{3} \cdot (0.20) + \frac{4}{3} \cdot (0.10) = 0.067$$

$$\sigma_Z^2 = \left(-\frac{1}{3}\right)^2 (0.04) + \left(\frac{4}{3}\right)^2 (0.01) + 2\left(-\frac{1}{3}\right)\left(\frac{4}{3}\right)(0) = 0.0222$$

③ 식 7·23에서, $E(r_i) = E(r_Z) + [E(r_m) - E(r_Z)] \cdot \beta_i$
$\qquad = 0.067 + 0.083\beta_i$

12.~14. : 본문참조

15.

자산 A와 B로 구성된 포트폴리오를 P_1이라 하고, 자산 B와 C로 구성된 포트폴리오를 P_2라

하자.

① 자산 A의 투자비중을 w_A라 하면, $w_A \cdot 1 + (1 - w_A) \cdot 1.5 = 0$이 되어야 하므로, $w_A = 3$이다. 즉, 자산 A에 보유금액의 300%를 투자하고 자산 B를 보유금액의 200%만큼을 공매하면 $\beta_1 = 0$이 되는 포트폴리오를 구성할 수 있다. 이 경우, $\beta_1 = 1.0 \times 3 + 1.5 \times (-2) = 0$, $\beta_2 = 1.0 \cdot 3 + 1.25 \cdot (-2) = 0.5$, $E(r_{P1}) = 3 \cdot 10 + (-2) \cdot 12 = 6\%$가 된다.

② 마찬가지로, $w_B \cdot 1.5 + (1 - w_B) \cdot 2.0 = 0$이므로, $w_B = 4$이다. 즉, 자산 B에 보유금액의 400%를 투자하고 자산 C를 보유금액의 300%만큼 공매하면 $\beta_1 = 0$이 되는 포트폴리오를 구성할 수 있다. 이 경우, $\beta_1 = 1.5 \times 4 + 2.0 \times (-3) = 0$,
$\beta_2 = 1.25 \cdot 4 + 1.5 \cdot (-3) = 0.5$, $E(r_{P2}) = 4 \cdot 12 + (-3) \cdot 15 = 3\%$가 된다.

③ 위의 두 포트폴리오 P_1과 P_2는 위험(β)은 같으나 기대수익률에 있어서 P_1이 더 높다. 즉, P_1은 상대적으로 과소평가, P_2는 상대적으로 과대평가되어 있다고 할 수 있다. 따라서 P_1에 매입포지션을 취하고, P_2에 매도포지션을 취할 경우 추가적인 비용과 위험의 부담 없이 차익을 얻을 수 있다. 예를 들어, P_2를 공매(자산 B를 400만원어치 공매하고 자산 C를 300만원어치 매입)하고 P_1을 매입(자산 A를 300만원어치 매입하고 자산 B를 200만원어치 공매)하면 3만원의 차익을 얻을 수 있다.

④ ③과 같은 차익거래가 실현가능하기 때문에, 현재의 시장상태는 균형이 아니다. 그러나 시장이 효율적이라면 이러한 차익거래기회는 오래가지 못한다. 현재문제에서 주어진 자료로는 요인프리미엄을 계산할 수 없어 균형수익률을 계산할 수 없지만 자산 B가 자산 A와 C에 비해 상대적으로 과대평가되어 있으므로 투자자들은 자산 C를 매도하고 자산 A와 C를 매입하는 투자행위를 반복할 것이고 그 결과 B의 가격이 하락하고 A와 C의 가격은 상승하여 차익거래기회가 더 이상 존재하지 않는 균형상태에 도달할 것이다.

제8장 효율적시장가설과 이상수익률 현상

1.~2. : 본문참조

3.

① 우선, 두 주식의 정상수익률을 CAPM을 이용하여 구해 보자.

$E(r_1) = 0.01 + 0.02 \cdot 1.5 = 4.0$

$E(r_2) = 0.01 + 0.02 \cdot 0.8 = 2.6$

따라서, 위에서 얻어진 정상수익률과 실제 실현수익률의 차이가 비정상수익률(AR)이라 할 수 있다.

월 \ 수익률	주식 1			주식 2		
	실현수익률	정상수익률	비정상수익률	실현수익률	정상수익률	비정상수익률
−2	4.1	4.0	0.1	2.4	2.6	−0.2
−1	3.0	4.0	−1.0	1.0	2.6	−1.6
0	1.5	4.0	−2.5	0.8	2.6	−1.8
1	4.2	4.0	0.2	3.0	2.6	0.4
2	4.0	4.0	0.0	3.0	2.6	0.4
3	4.0	4.0	0.0	2.5	2.6	−0.1
4	4.1	4.0	0.1	2.8	2.6	0.2

② 비정상수익률(AR)은 실현수익률과 정상수익률의 차이로 계산되었다. 정상수익률은 CAPM의 성립을 전제로 하고 SML에 의해 추정되었다. 따라서 ①에서 계산된 AR이 타당하기 위해서는 CAPM의 성립이 전제되어야 한다.

③ 누적비정상수익률(CAR)은 매월의 비정상수익률을 누적하여 구할 수 있다.

월 \ 수익률	주식 1		주식 2	
	비정상수익률	누적비정상수익률	비정상수익률	누적비정상수익률
−2	0.1	0.1	−0.2	−0.2
−1	−1.0	−0.9	−1.6	−1.8
0	−2.5	−3.4	−1.8	−3.6
1	0.2	−3.2	0.4	−3.2
2	0.0	−3.2	0.4	−2.8
3	0.0	−3.2	−0.1	−2.9
4	0.1	−3.1	0.2	−2.7

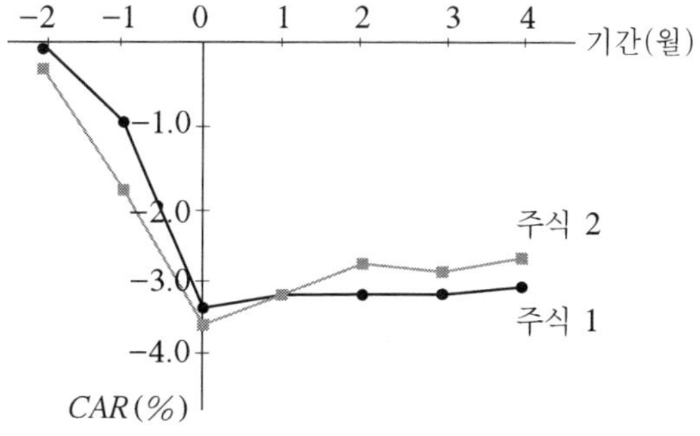

④ 채무불이행의 공시가 주가에 미치는 영향

CAR의 분석에서 보는 것처럼 채무불이행의 공시 2개월 전부터 해당 기업의 주식가격은 하락하기 시작한다. 이는 기업의 채무불이행 공시 이전에 관련내용이 주가에 반영됨을 의미한다. 그러나 공시 이후 CAR은 안정적인 상태를 유지하고 있어 공시 시점에서는 이미 모든 관련정보가 주가에 반영되어 있음을 나타내 준다. 이러한 분석에 근거해 볼 때 준강형 효율적시장가설이 성립함을 알 수 있다.

4.~14. : 본문참조

제9장 행동재무학과 기술적 분석

1.~10. : 본문참조

제10장 채권가격과 수익률

1.~5. : 본문참조

6.

① 무이표채의 현재가격이 백두기업이 조달할 수 있는 자금이다.

$$B_0 = \frac{F}{(1+r)^T} = \frac{100{,}000}{(1+0.1)^5} = 62{,}092\text{원}$$

백두기업이 만기 5년, 액면금액 100,000원의 무이표채를 발행하여 자금을 조달한다면, 현재시점에서 62,092원을 조달할 수 있다.

② 이표채의 현재가격이 백두기업이 이표채 발행을 통해 조달할 수 있는 자금이다.

$$B_0 = \sum_{t=1}^{T} \frac{C}{(1+r)^t} + \frac{F}{(1+r)^T} = \sum_{t=1}^{5} \frac{12{,}000}{(1+0.1)^t} + \frac{100{,}000}{(1+0.1)^5} = 107{,}582\text{원}$$

백두기업이 이표채를 발행할 경우 현재시점에서 조달할 수 있는 자금은 107,582원이다.

③ 2년 후 이 채권은 만기가 3년인 이표채가 될 것이다.

$$B_2 = \sum_{t=1}^{3} \frac{12{,}000}{(1+0.15)^t} + \frac{100{,}000}{(1+0.15)^3} = 93{,}150\text{원}$$

2년 후 시장이자율이 15%가 된다면 이 채권의 2년 후 가격은 93,150원이 된다.

7.

① $B_0 = \frac{1000만원}{(1.06)(1.07)(1.08)} = 816.37$만원

② $816.37 = \frac{1,000}{(1+y)^3}$이므로, $y =$ 약 7%이다.

③ $B_0 = \frac{100}{(1.06)} + \frac{100}{(1.06)(1.07)} + \frac{1,000}{(1.06)(1.07)(1.08)} = 1,080.51$만원

④ $1,081.51 = \frac{100}{(1+y)} + \frac{100}{(1+y)^2} + \frac{1,100}{(1+y)^3}$이 되며, 시행착오법을 통해 y를 구하면 약 6.9%임을 알 수 있다.

8.

① 수의상환조항이 없다면, 이표채 가격 계산과 동일한 방식으로 계산하여 현재가격을 구할 수 있다.

$B_0 = \sum_{t=1}^{5} \frac{100,000}{(1+0.12)^t} + \frac{1,000,000}{(1+0.12)^5} = 927,904$원

② 2년 후 시장이자율이 8%로 하락할 경우, 2년도 말 일반채권의 가치는

$B_2 = \sum_{t=1}^{3} \frac{100,000}{(1+0.08)^t} + \frac{1,000,000}{(1+0.08)^3} = 1,051,542$원이 된다. 수의상환가격은 1,100,000원이므로 이 경우 수의상환은 일어나지 않을 것이다. 따라서, 일반채권의 가치와 수의상환채권의 가치는 동일하며, 발행시점의 가격은

$B_0 = \sum_{t=1}^{2} \frac{100,000}{(1+0.12)^t} + \frac{1,052,542}{(1+0.12)^5} = 1,007,288$원이다.

③ 2년 후 시장이자율이 6%로 하락할 경우, 2년도 말 일반채권 가치는

$B_2 = \sum_{t=1}^{3} \frac{100,000}{(1+0.06)^t} + \frac{1,000,000}{(1+0.06)^3} = 1,106,920$원이 된다. 이는 수의상환가격인 1,100,000원보다 높은 가격이므로, 천하기업은 1,100,000원에 이 채권을 수의상환할 것이다. 따라서, 이 경우 수의상환채권의 가격은

$B_0 = \sum_{t=1}^{2} \frac{100,000}{(1+0.12)^t} + \frac{1,100,000}{(1+0.12)^2} = 1,045,918$원이 될 것이다.

9.

① 우선, 현물이자율을 구해 보자.

$r_1 = \frac{100,000}{90,909} - 1 = 10\%$

$r_2 : 82,645 = \dfrac{100,000}{(1+r_2)^2}$를 계산하면, $r_2 = 10\%$

$r_3 : 79,719 = \dfrac{100,000}{(1+r_3)^3}$를 계산하면, $r_3 = 7.84\%$

기간	현물이자율
1	10%
2	10%
3	7.84%

2차연도와 3차연도에 적용될 선도이자율을 ${}_1f_2$, ${}_2f_3$라 하면,

$(1+r_2)^2 = (1+r_1)(1+{}_1f_2)$가 된다. 따라서, $f_2 = 10\%$

$(1+r_3)^3 = (1+r_2)^2(1+{}_2f_3)$이므로, $f_3 = 3.65\%$

② 내년도의 수익률곡선

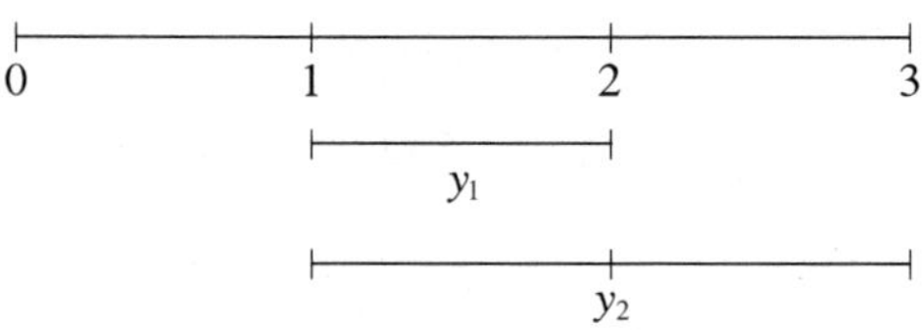

내년 시점의 $y_1 = {}_1f_2$가 되므로, $y_1 = 10\%$이다.

$(1+y_2)^2 = (1+{}_1f_2)(1+{}_2f_3) = (1.1)(1.0365)$이다. 이를 계산하면, $y_2 = 6.78\%$이다.

수익률곡선

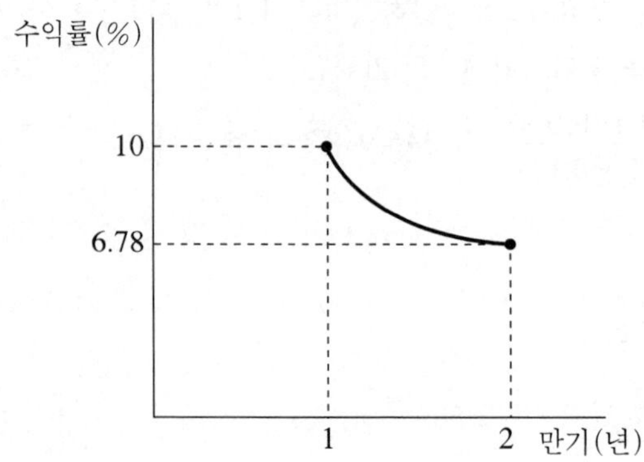

③ 현재시점의 2년만기 현물이자율이 10%이고, 1년 후의 1년만기 미래현물이자율 f_2 = 10 %이므로 다음 1년간의 기대수익률 역시 10%이다.

④ 이표채의 가격

이표채는 1년 후에 12,000원, 2년 후에 12,000원, 3년 후에 112,000원의 액면금액을 지급하는 세 종류의 무이표채의 포트폴리오로 평가할 수 있다.

$$B_0 = \frac{12,000}{(1.1)} + \frac{12,000}{(1.1)^2} + \frac{112,000}{(1.0784)^3} = 110,132\text{원}$$

다음 1년간 기대되는 총투자수익률 : 채권의 투자수익은 이자수익과 가격변동으로 인한 자본수익으로 나눌 수 있다.

i . 이자수익 : 12,000원

ii . 1년 후 이표채의 가격 $B_1 = \frac{12,000}{(1.1)} + \frac{112,000}{(1.0678)^2} = 109,138$원

따라서, 투자수익률 $= \frac{12,000 + 109,138 - 110,132}{110,132} = 10\%$

10.

① $9,662 = \frac{1,000}{(1+y)} + \frac{11,000}{(1+y)^2}$이므로,

시행착오법에 의해 y를 계산하면 $y = 12\%$이다.

②

상황	확률	수익률
1년 이내 파산	0.05	−100%
2년 이내 파산	0.05	$\frac{1,000}{9,662} - 1 = -89.65\%$
2년 이후 액면금액의 90% 지급	0.1	$\frac{1,000}{(1+y')} + \frac{1,000+9,000}{(1+y')^2} = 9,662 \quad y' = 7\%$
약속이행	0.8	12%(①에서 구한 값)
기대수익률		0.8175%

③ 채무불이행위험프리미엄 = 만기수익률 − 기대수익률

= 12 − 0.8175 = 11.1825%

제11장 채권포트폴리오 관리

1.~2. : 본문참조

3.

① 무이표채의 듀레이션은 만기와 같다. $D = 10$년

② 이표채의 듀레이션 : 식 11·1에 의해,

$$D = \frac{\frac{120,000}{(1.1)} \times 1 + \frac{120,000}{(1.1)^2} \times 2 + \cdots\cdots + \frac{1,120,000}{(1.1)^{10}} \times 10}{\frac{120,000}{(1.1)} + \frac{120,000}{(1.1)^2} + \cdots\cdots + \frac{1,120,000}{(1.1)^{10}}} = 6.54\text{년}$$

③ 영구채의 듀레이션

$$D = \frac{1+y}{y} = \frac{1.1}{0.1} = 11\text{년}$$

4.

먼저 새로운 사업의 현재가치를 구해 보자.

새로운 사업의 현재가치 $= \sum_{t=1}^{6} \frac{2,500,000}{(1.12)^t} = 10,278,500$원

새로운 사업의 듀레이션

$$D = \frac{\frac{2,500,000}{(1.12)} \times 1 + \frac{2,500,000}{(1.12)^2} \times 2 + \cdots\cdots + \frac{2,500,000}{(1.12)^6} \times 6}{\frac{2,500,000}{(1.12)} + \frac{2,500,000}{(1.12)^2} + \cdots\cdots + \frac{2,500,000}{(1.12)^6}} = 3.1719\text{년}$$

부채의 듀레이션 : 부채는 만기에 일시상환되므로 듀레이션은 만기와 같다.

– 1년만기 부채 : 1년

– 5년만기 부채 : 5년

면역전략이 구성되기 위해서는 부채의 듀레이션이 3.1719여야 하므로, 10,278,500원 중 x를 1년만기로, $(10,278,500 - x)$를 5년만기로 조달하여 구성한 부채포트폴리오의 듀레이션을 3.1719로 하는 x를 찾는다.

$$\frac{x}{10,278,500} \times 1 + \frac{10,278,500 - x}{10,278,500} \times 5 = 3.1719$$

이 식을 풀면, $x = 4,671,531.5$

따라서, 1년만기 부채조달액 : 4,671,531.5원

5년만기 부채조달액 : 5,580,968.5원

5.

자산의 시장가치 총액 = 1259억원

부채의 시장가치 총액 = 1110억원

① 듀레이션의 가법성을 이용하면,

자산의 평균듀레이션 :

$$D_A = 0 \times \frac{43}{1,259} + \frac{4}{12} \times \frac{619}{1,259} + \frac{9}{12} \times \frac{345}{1,259} + 5 \times \frac{55}{1,259} + 15 \times \frac{197}{1,259} = 2.935\text{년}$$

부채의 평균듀레이션 :

$$D_L = 0 \times \frac{490}{1,110} + 1 \times \frac{370}{1,110} + 10 \times \frac{250}{1,110} = 2.586\text{년}$$

② 순자산가치 면역전략 : 식 11·7에 의해,

자산의 시장가치×자산의 평균듀레이션 = 부채의 시장가치×부채의 평균듀레이션인 경우 달성된다.

통일은행 : 1259억원×2.935 > 1110억원×2.586

따라서, (주)통일은행의 순자산가치는 면역화되어 있지 않다.

③ 조정되어야 하는 부채의 듀레이션을 D'_L이라 하면,

$1,259 \times 2.935 = 1,110 \times D'_L$ 따라서, $D'_L = 3.329$년

조정되어야 하는 자산의 듀레이션을 D'_A라 하면,

$1,259 \times D'_A = 1,110 \times 2.586$ 따라서, $D'_A = 2.28$년

6.

① 채무의 가치 : $B_0 = \dfrac{2,000,000}{(1.08)} + \dfrac{2,000,000}{(1.08)^2} = 3,566,529$원

$$\text{듀레이션 : } D = \frac{\dfrac{2,000,000}{(1.08)} \times 1 + \dfrac{2,000,000}{(1.08)^2} \times 2}{3,566,529} = 1.48\text{년}$$

② 이 채무의 듀레이션과 같은 만기를 갖는 무이표채를 구입해야 한다.

③ • 이자율변동 직후 채무의 가치와 듀레이션

$$\text{채무의 가치} = \frac{2,000,000}{(1.09)} + \frac{2,000,000}{(1.09)^2} = 3,518,222\text{원}$$

$$\text{듀레이션} = \frac{\dfrac{2,000,000}{(1.09)} \times 1 + \dfrac{2,000,000}{(1.09)^2} \times 2}{3,518,222} = 1.478\text{년}$$

• 이자율변동 직후 채권의 가치와 듀레이션

투자한 무이표채의 액면금액 = $3,566,529 \times (1.08)^{1.48} = 3,996,805$원

이자율변동 후의 채권의 가치 = $\dfrac{3,996,805}{(1.09)^{1.48}} = 3,518,210$원

듀레이션 = 1.48년

시장이자율의 변동에 따라 채무의 듀레이션이 변동되었다. 이에 따라 채권가치와 채무가치의 완전한 면역화에서 일부 이탈하게 되었다.

7.

① 면역전략은 자산의 듀레이션과 채무의 듀레이션을 일치시키는 것을 필요로 한다.

- 채무의 듀레이션 = 5년
- 자산의 듀레이션 : 3년만기 순수할인채권 = 3년

$$\text{영구채권} = \frac{1.1}{0.1} = 11\text{년}$$

3년만기 무이표채에 대한 투자비중을 w라 하면 자산의 평균듀레이션은 $3w + 11(1-w)$이며, 이것이 5년이 되어야 한다. 따라서 $w = \frac{3}{4}$이며, 채무의 이자율위험을 면역화시키기 위해 3년만기 무이표채에 투자금액의 $\frac{3}{4}$을, 영구채권에 나머지 $\frac{1}{4}$을 투자해야 한다. 따라서, 창조보험회사는 무이표채에 7,500,000원을, 영구채권에 2,500,000원을 투자해야 한다.

② 1년 경과 후의 채무의 가치 및 듀레이션

- 채무의 가치 = 1,100만원
- 채무의 듀레이션 = 4년
- 영구채의 듀레이션 = 11년, 무이표채의 듀레이션 = 2년

따라서, 면역전략의 구성을 위한 무이표채에 대한 투자비중은 다음을 만족시켜야 한다.

$2w + 11(1-w) = 4, \quad w = \frac{7}{9}$

따라서, 면역화를 위해서는 무이표채에 $1,100 \times \frac{7}{9} = 855.55$만원을, 영구채권에는 나머지 244.45만원을 투자해야 한다.

- 시점 0에 투자한 무이표채와 영구채권의 시점 1의 가치

$V_1^{\text{무이표채}} = 750(1.1) = 825$만원

$V_1^{\text{영구채권}} = 275$만원(이자 25만원, 가격 250만원)

따라서, 영구채권의 이자 25만원과 영구채권 55,000원어치를 매각하여 무이표채에 투자해야 한다.

③ 2년 경과 후의 면역전략

- 채무의 가치 $= \dfrac{16,105,100}{(1.08)^3} = 12,784,748$원
- 채무의 듀레이션 = 3년
- 자산의 가치와 듀레이션

$V_2^{무이표채} = \dfrac{8,555,500\,(1.1)^2}{1.08} = 9,585,328$원

무이표채의 듀레이션 = 1년

$V_2^{영구채권} = 244,450\,(이자) + \dfrac{2,444,500 \times 0.1}{0.08}(시장가격) = 3,300,075$원

영구채의 듀레이션 $= \dfrac{1.08}{0.08} = 13.5$년

- 면역전략을 위한 새로운 투자비율

$1w + 13.5\,(1 - w) = 3 \quad w = 0.84$

따라서, 무이표채에 $12,784,748 \times 0.84 = 10,739,188$원,

영구채권에 $12,784,748 \times 0.16 = 2,045,560$원이 투자되어야 한다.

- 조정 : 영구채의 이자 244,450원과 영구채권 매각대금 909,410원을 무이표채에 추가로 투자한다.

결국 조정 후에도 영구채권 100,655원(=3,300,075−2,045,560−244,450−909,410)은 여유자금으로 남는다.

8.

ⅰ. 30년만기 채권에 투자하는 경우 : 5년도 말의 투자가치를 구해 보면,

$7,000\,(1.06)^4 + 7,000\,(1.06)^3 + 7,000\,(1.06)^2 + 7,000\,(1.06) + 7,000$

$+ \sum_{t=1}^{25} \dfrac{7,000}{(1.08)^t} + \dfrac{100,000}{(1.08)^{25}} = 128,785$원

따라서, 5년간의 총투자수익률 : $\dfrac{128,785}{86,742} - 1 = 48.47\%$

ⅱ. 20년만기 채권에 투자하는 경우 : 5년도 말의 투자가치를 구해 보면,

$6,500\,(1.06)^4 + 6,500\,(1.06)^3 + 6,500\,(1.06)^2 + 6,500\,(1.06) + 6,500$

$+ \sum_{t=1}^{15} \dfrac{6,500}{(1.075)^t} + \dfrac{100,000}{(1.075)^{15}} = 127,814$원

따라서, 5년간 총투자수익률 : $\dfrac{127,814}{87,950} - 1 = 45.33\%$

그러므로, 수익률이 더 높은 30년만기의 채권에 투자해야 한다.

9.

채권포트폴리오의 듀레이션은 개별채권의 듀레이션에 투자비율을 곱해 가중평균한 값이다. 따라서, 이 포트폴리오의 듀레이션을 8년으로 만들어 주기 위해서, $w_A D_A + w_B D_B = 8$을 만족시키는 w_A, w_B를 찾아야 한다. $w_B = (1 - w_A)$로 놓고, w_A, w_B를 구할 수 있다.

$w_A 10 + (1 - w_A) 4 = 8$

따라서, $w_A = \frac{2}{3}$, $w_B = \frac{1}{3}$

따라서 전체자금 10억원을 채권 A에 $\frac{2}{3}$, 채권 B에 $\frac{1}{3}$로 투자해야 한다. 현재 A에 $\frac{1}{5}$, B에 $\frac{4}{5}$가 투자되어 있으므로 채권 B를 4.67억원(8억원−10억원×$\frac{1}{3}$)어치 팔아 채권 A를 구입하여야 한다.

제12장 기본적 분석과 주가

1.~8. : 본문참조

9.

① $ROE = \frac{\text{당기순이익}}{\text{자기자본}}$이다.

2022년 : $\frac{190}{1,600} = 11.87\%$

2023년 : $\frac{300}{2,910} = 10.31\%$

② 세금부담률 $= 1 - \frac{\text{순이익}}{\text{납세전순이익}} = \frac{\text{법인세}}{\text{납세전순이익}}$

이자부담률 $= \frac{\text{지급이자}}{\text{영업이익}} = 1 - \frac{\text{납세전순이익}}{\text{영업이익}}$

매출액영업이익률 $= \frac{\text{영업이익}}{\text{매출액}}$

총자산회전율 $= \frac{\text{매출액}}{\text{총자산}}$

부채비율 $= \frac{\text{부채}}{\text{자기자본}}$

식 12·3에 의해 ROE는 다음과 같이 분해된다.

ROE =(1−세금부담률)(1−이자부담률)(매출액영업이익률)(총자산회전율)(1+부채비율)

연도 \ 구분	1－세금부담률	1－이자부담률	매출액 영업이익률	총자산 회전율	1＋부채비율	*ROE*
2022	0.5937	0.8421	7.011%	2.2122	1.5312	11.87%
2023	0.4477	0.8815	7.763%	3.3642	1.0000	10.31%

③ 총자산회전율의 증가는 *ROE*의 증가를 가져온다. 자본구조에서 부채비율의 감소는 *ROE*의 감소를 가져온다. 백두주식회사의 경우, 총자산회전율은 2.2122에서 3.3642로 증가하였으나 부채비율이 1.5312에서 1.0000으로 감소하여 *ROE*는 감소하였다.

10.

① $ROA = \frac{\text{영업이익}}{\text{총자산}}$

$ROE = \frac{\text{당기순이익}}{\text{자기자본}}$이다. 이를 이용하여 두 회사의 *ROA*, *ROE*를 구하면,

구분 \ 회사	한라	태백
ROA	33.33%	33.33%
ROE	36.00%	26.67%

② 식 12·2에서, $ROE = \left[ROA + (ROA - r)\frac{B}{S}\right](1 - t)$이다. 이를 이용하여 설명할 수 있다.

회사 \ 구분	*ROA*	*r* (이자비용)	*B/S* (부채비율)	*t* (법인세율)	*ROE*
한라	33.33%	10%	50%	20%	36%
태백	33.33%	0%	0%	20%	26.67%

법인세율과 이자비용이 커질수록 *ROE*가 감소하며, 부채비율이 높을수록 *ROE*가 증가한다.

제13장 주식의 가치평가

1.

① $EPS_1 = 4{,}000$원

이익의 내부유보율 $b = 60\%$

재투자수익률$(ROE) = 20\%$

할인율$(k) = 15\%$이므로,

성장률 $g = b \times ROE = 12\%$이다. 따라서, 주식의 가치는

$$P_0 = \frac{d_1}{(k-g)} = \frac{EPS_1(1-b)}{(k-g)} = \frac{4{,}000\,(1-0.6)}{15\% - 12\%} = 53{,}333\text{원}$$

② 성장기회의 순현재가치 = 성장기회를 가진 경우의 주가 − 성장기회가 없는 경우의 주가

①에서 성장기회를 가진 주가가 53,333원임을 구했다. 성장기회가 없는 경우의 주가는 식 13·5에 의해,

$$P'_0 = \frac{EPS_1}{k} = \frac{4{,}000}{0.15} = 26{,}667\text{원이다.}$$

따라서, 성장기회의 순현재가치 = 53,333 − 26,667 = 26,666원이다.

2.

① CAPM의 증권시장선 식 $k = r_f + [E(r_m) - r_f]\beta$로부터 k를 구하면,

$k = 6 + [14 - 6] \times 1.25 = 16\%$

성장률 $g = b \times ROE = \frac{2}{3} \times 9\% = 6\%$

$EPS_1 = EPS_0(1+g) = 3{,}000\,(1.06) = 3{,}180$

$$\text{주가 : } P_0 = \frac{d_1}{(k-g)} = \frac{EPS_1(1-b)}{(k-g)} = \frac{3{,}180\left(1-\frac{2}{3}\right)}{16\% - 6\%} = 10{,}600\text{원}$$

② 성장기업의 주식가치는 배당의 성장이 전혀 없음을 가정했을 때의 주식가치와 성장기회를 가짐으로써 얻을 수 있는 가치의 증가분으로 나누어 볼 수 있다.

식 13·14에서, $P_0 = \frac{EPS_1}{k} + NPVGO$이므로,

$10{,}600 = \frac{3{,}000\,(1.06)}{16\%} + NPVGO$이므로, $NPVGO = -9{,}275$원임을 알 수 있다.

③ 새로운 유보율 $b = \frac{1}{3}$을 적용하여 주가를 구해 보자.

우선, $g = b \times ROE = \frac{1}{3} \times 9\% = 3\%$가 되며,

$d_1 = EPS_0(1 + 3\%)\left(1 - \frac{1}{3}\right) = 2{,}060$원이다. 이 자료에 의해,

새로운 주가 $P_0 = \dfrac{2,060}{16\% - 3\%} = 15,846$원

새로운 $NPVGO = 15,846 - \dfrac{3,000(1.03)}{16\%} = -3,467$원

주가차이의 설명 $P_0 = \dfrac{EPS_1}{k} + NPVGO$에서, 내부유보율이 $\dfrac{2}{3}$에서 $\dfrac{1}{3}$로 낮아짐에 따라 불리한 투자기회의 부담이 그만큼 줄어들어 (−)의 $NPVGO$가 감소하였다.

3.

1년부터 5년까지 각 연도별 배당금과 5년시점에서의 주가를 구하여 현재주가를 산출할 수 있다.

기간 \ 구분	내부유보율	성장률	주당순이익	주당배당
0			2,000	400
1	80%	25%	2,000(1.25)=2,500	500
2	80%	25%	$2,000(1.25)^2 = 3,125$	625
3	80%	25%	$2,000(1.25)^3 = 3,906$	781
4	80%	25%	$2,000(1.25)^4 = 4,883$	976
5	80%	25%	$2,000(1.25)^5 = 6,104$	1,221
6	50%	8%	$2,000(1.25)^5(1.08) = 6,592$	3,296
7	50%	8%	$2,000(1.25)^5(1.08)^2 = 7,119$	3,560
⋮	⋮	⋮	⋮	⋮

5년 시점에서의 주가 : $P_5 = \dfrac{d_6}{k-g} = \dfrac{3,296}{15\% - 8\%} = 47,086$원

현재시점의 주가는 1년부터 5년까지의 각 배당금과 5년 시점의 주가를 할인하여 구한다.

$$P_0 = \frac{500}{(1.15)} + \frac{625}{(1.15)^2} + \frac{781}{(1.15)^3} + \frac{976}{(1.15)^4} + \frac{1,221}{(1.15)^5} + \frac{47,086}{(1.15)^5} = 25,996\text{원}$$

4.

① 우선, 현재주가를 구하면,

$$P_0 = \frac{d_1}{(k-g)} = \frac{15,000 \times 0.3}{20\% - 15\%} = 90,000\text{원}$$

$$PER = \frac{P_0}{EPS_1} = \frac{90,000}{15,000} = 6$$

② $P_0 = PER \times EPS_1 = 7 \times 15{,}000 = 105{,}000$원

③ $P_0 = \dfrac{d_1}{(k-g)} = \dfrac{15{,}000 \times 0.3}{20\% - 15\%} = 90{,}000$원

④ $P_0 = PBR \times BPS = 2 \times \dfrac{100\text{억원} - 50\text{억원}}{100{,}000} = 100{,}000$원

5.

① 주식 A의 기대배당성향 $= \dfrac{1{,}500}{3{,}000} = 50\%$

주식 B의 기대배당성향 $= \dfrac{1{,}000}{2{,}500} = 40\%$

② 배당의 성장률 : $g = b \times ROE$이므로,

주식 A의 성장률 $= 50\% \times 20\% = 10\%$

주식 B의 성장률 $= 60\% \times 15\% = 9\%$

③ 주식 A의 내재가치 $= \dfrac{E(d_1)}{k-g} = \dfrac{1{,}500}{15\% - 10\%} = 30{,}000$원

주식 B의 내재가치 $= \dfrac{E(d_1)}{k-g} = \dfrac{1{,}000}{12\% - 9\%} = 33{,}333$원

④ 주식 A : 2,000원 과소평가

주식 B : 3,333원 과소평가이므로 B를 선택한다.

⑤ 주식 A의 1기 말의 내재가치 $= \dfrac{E(d_2)}{k-g} = \dfrac{1{,}500 \times 1.1}{15\% - 10\%} = 33{,}000$원

주식 B의 1기 말의 내재가치 $= \dfrac{E(d_2)}{k-g} = \dfrac{1{,}000(1.09)}{12\% - 9\%} = 36{,}333$원

따라서, 두 주식의 기대수익률을 구해 보면,

주식 A의 기대수익률 $= \dfrac{1{,}500 + 33{,}000 - 28{,}000}{28{,}000} = 23.21\%$

주식 B의 기대수익률 $= \dfrac{1{,}000 + 36{,}333 - 30{,}000}{30{,}000} = 24.44\%$

6.~8. : 본문참조

9.

① $P_0 = \dfrac{d_1}{(k-g)} = \dfrac{100}{20\% - 10\%} = 1{,}000$원

② 성장하지 않는 경우, $P_0 = \dfrac{EPS_1}{k} + NPVGO$에서 $NPVGO$가 0이다.

따라서, $P_0 = \frac{EPS_1}{k} = \frac{160}{20\%} = 800$원

③ $1{,}000 = \frac{EPS_1}{k} + NPVGO = 800 + NPVGO$이다. 따라서, $NPVGO = 200$원

④ $g = b \times ROE$를 사용하여 ROE를 구할 수 있다.

$b = 1 - \frac{100}{160} = 0.375, \quad g = 0.1$이므로,

$0.1 = 0.375 \cdot ROE$가 된다. 따라서 $ROE = 0.2667$

⑤ 식 13·15에서,

$NPV_1 = b \cdot EPS_1 \cdot \left(\frac{ROE}{k} - 1\right)$이므로,

$NPV_1 = 0.375 \cdot 160 \cdot \left(\frac{0.2667}{0.2} - 1\right) \fallingdotseq 20$이다.

식 13·20에서,

$NPVGO = \frac{NPV_1}{k - g}$를 이용하여,

$NPVGO = \frac{20}{0.2 - 0.1} = 200$원으로 ③에서 구한 결과와 일치한다.

10. ① 부채사용기업의 주식 베타와 자기자본기업의 주식 베타는 식 13·33과 같다.

$$\beta_L = \beta_U + (\beta_U - \beta_B)\frac{B}{S}(1 - \tau)$$

전액 자기자본으로 자금을 조달하는 서울기업의 베타(β_U)를 구하면 다음과 같다.

$1.5 = \beta_U + (\beta_U - 0) \cdot 1 \cdot (1 - 0.3)$

$\beta_U = 0.88$

② 서울기업 주식의 할인율 = 5% + (15% − 5%) × 0.88 = 13.8%

③ 투자안의 순현재가치

$$NPV = -1{,}000 + \frac{300}{(1 + 0.138)} + \frac{500}{(1 + 0.138)^2} + \frac{600}{(1 + 0.138)^3} = 56.83\text{억 원}$$

제14장 선물의 기초와 선물가격의 결정

1.~4. : 본문참조

5. 보유비용 = 3,000 + (30,000 × 0.1) = 6,000원

선물가격 = 현물가격 + 보유비용이므로,

$= 30,000 + 6,000 = 36,000$원

6. ① 채권의 보유비용은 채권소유에 따른 이자비용과 채권소유에 따른 이자수익의 차이이다.
   - 채권소유에 따른 이자비용 = $100,000 \times 0.08 = 8,000$
   - 채권소유에 따른 이자수익 = $100,000 \times 0.08 \times (1 + 0.02) = 8,160$

   즉, 1월 1일에 지급받은 이자는 3개월간 재투자할 수 있다.

   따라서, 채권의 보유비용 = $8,000 - 8,160 = -160$원

   ② 선물가격 = 현물가격 + 보유비용이므로

   $= 100,000 + (-160) = 99,840$원

7. 본문참조

8. 미래의 쌀의 구입가격을 고정시켜야 하므로 쌀에 대한 선물거래를 100계약 매입한다. 9월 1일에 가서 쌀 100가마를 현물시장에서 구입하고 선물거래를 반대매매(100계약 매도)를 통해 청산한다.

거래내용	현금흐름	
	현재(6월 1일)	9월 1일
현물시장		
현재 쌀을 구입한다면 필요한 지출액	$200,000 \times 100$	
9월 1일 쌀 구입		$210,000 \times 100$
	–	기회손실 = $10,000 \times 100$
선물시장		
선물 100계약 매입($F_0 = 205,000$)	0	
선물 100계약 매도($F_1 = 215,000$)		$(215,000 - 205,000) \times 100$
	–	거래이익 = $10,000 \times 100$
헤지거래 결과	순손익 = 0원	

9.

   ① 식 14·6에서, $F_t = S_t(1 + r_f + u - y)^1$

   여기서, y는 연간 편의수익률로, 배당도 이에 해당한다. 따라서,

   $150,000(1 + 0.1 - 0.05)^1 = 157,500$원이 1년만기 선물가격이 된다.

   ② ①에서 구한 균형선물가격 = $157,500 <$ 시장의 선물가격 = $160,000$

따라서, 현재시장의 선물가격이 과대평가되어 있으므로, 이를 매도하고 무위험이자율에 150,000원을 차입하여 (주)천지의 주식을 매입할 경우 차익을 얻을 수 있다.

거래내용	현재의 현금흐름	만기일의 현금흐름
① 150,000원 차입	+150,000	−150,000(1.1)
② 주식구입	−150,000	$S_1 + 150{,}000 \times 0.05$
③ 선물거래 매도	0	$160{,}000 - S_1$
차익거래 포트폴리오	0	2,500원

만기일에 얻는 차익 2,500원은 잘못 평가되어 있는 선물가격의 크기와 일치한다.

10.

① 증거금계좌의 잔액이 유지증거금 이하로 떨어질 때 마진콜이 발생하므로 금 1돈당 가격 하락분을 x라 하면,

$(7{,}200{,}000 - 4{,}800{,}000) = x \times 100 \times 10, \quad x = 2{,}400$원

따라서, 선물가격이 77,600원(=80,000 − 2,400) 이하로 떨어지면 마진콜이 발생한다.

② 금의 현재가격이 77,600원이므로 현재의 증거금잔액은 4,800,000원이다. 2,000,000원을 증거금계좌에서 인출하기 위해서는 지금보다 증거금이 4,400,000원 증가하여 9,200,000원이 되어야 한다. 따라서 금의 선물가격은 4,400원$\left(\frac{4{,}400{,}000}{100 \times 10}\right)$오른 82,000원이 되어야 한다.

③ 금 선물 가격의 종가가 75,500원으로 떨어졌을 경우 오늘의 증거금잔액은

$7{,}200{,}000 - (80{,}000 - 75{,}500) \times 100 \times 10 = 2{,}700{,}000$원이다.

현재 증거금잔액이 유지증거금 이하로 떨어졌을 경우 개시증거금과 현재증거금과의 차액만큼을 추가로 납부하여야 하므로, 추가 납부액=7,200,000−2,700,000=4,500,000원이다.

11.

① $F_t = S_t(1 + r_f + u - y)^{T-t}$에서, $r_f = 3\%$, $u = 0$, $y = 2\%$이다.

따라서, $F_0 = 320(1 + 0.03 - 0.02)^1 = 323.2$

② ①에서 구한 균형선물가격 = 323.2 > 시장에서의 선물가격 = 325.2

현재시장에서 선물이 과대평가되어 있으므로, 무위험이자율로 차입한 자금으로 현물을 매입하고 선물을 매도하여 차익을 얻을 수 있다.

거래내용	현재의 현금흐름	만기일의 현금흐름
KOSPI 200 현물 매입	−320	$S_1 + 320 \times 0.02$
무위험이자율로 차입	320	$-320 \times (1 + 0.03)$
선물 1계약 매도	0	$325.2 - S_1$
순현금흐름	0	2

이 과정을 통해 추가적인 자금이나 위험의 부담 없이 만기일에 한 계약당 500,000(=2 × 250,000)의 차익을 얻을 수 있다.

제15장 선물, 스왑, 그리고 위험관리

1.~2. : 본문참조

3.

① 만기일의 현물가격을 S_T라 하자.

거래내용	KOSPI 200의 가격이 오른 경우 ($S_T > 351.50$)	KOSPI 200의 가격이 떨어진 경우 ($S_T \leq 351.50$)
11월 29일 : KOSPI 200 선물 2 계약 매도 만기일에 만기일의 현물가격으로 결제	$(351.50 - S_T) \cdot 2 \cdot 250{,}000$	$(351.50 - S_T) \cdot 2 \cdot 250{,}000$
손익	$(351.50 - S_T) \cdot 2 \cdot 250{,}000$: 손실	$(351.50 - S_T) \cdot 2 \cdot 250{,}000$: 이익

② 만기까지 잔여일수 : 102일. 식 15·5를 이용하면,

$$\text{균형선물가격 } F_0 = 350\left(1 + (0.04 - 0.02)\frac{102}{365}\right) = 351.96$$

시장의 선물가격 = 351.50

균형선물가격과 시장에서의 선물가격이 다르므로, 이는 곧 차익거래기회이다.

차익거래의 결과 : 현물 1 계약의 거래금액(350 × 250,000 = 87,500,000)기준

거래내용	현재의 현금흐름	만기의 현금흐름
① KOSPI 200 현물 1 계약 공매	+87,500,000	$-S_1 - 87{,}500.000 \cdot 0.02 \cdot \frac{102}{365}$
② 무위험이자율에 예금	−87,500,000	$87{,}500{,}000\left(1 + 0.04 \times \frac{102}{365}\right)$
③ 선물매입	0	$S_1 - 351.50 \cdot 250{,}000$
차익거래 포트폴리오	0	114,041원

4.

① i. 선물매도에 의하여 투자자가 얻게 될 현금흐름은 다음과 같다.

기간	현재	1년 후	2년 후
현금흐름	0	96,000	−100,000

ii. 채권 A와 B의 현물매입에 의해 얻어지는 현금흐름은 다음과 같다.

기간	현재	1년 후	2년 후
채권 A	−95,000	100,000	0
채권 B	−89,000	0	100,000

투자자는 채권 A와 B의 매입, 매도조합을 통해 선물거래를 매도한 경우와 유사한 현금흐름을 만들어야 한다.

iii. 현재의 현금흐름이 0이고 1년 후에 (+), 2년 후에 (−)의 현금흐름이 얻어질 수 있도록 0.9368개(=89,000/95,000)의 채권 A를 매입하고 1개의 채권 B를 공매하면 다음과 같은 현금흐름이 얻어진다.

거래내용	현재	1년 후	2년 후
채권 A 매입	−89,000	93,680	0
채권 B 공매	89,000	0	−100,000
계	0	93,680	−100,000

따라서, 선물매도와 유사한 현금흐름을 얻기 위해서는 0.9368개의 채권 A를 매입하고 1개의 채권 B를 공매한다.

② 위의 i과 iii을 비교해 보면, i의 투자전략은 iii에 비해 1년 후에 보다 큰 현금흐름을 실현한다. 따라서 선물의 매도포지션을 취하고, 포트폴리오 iii을 역으로 구성(0.9368개

의 채권 A를 공매하고 1개의 채권 B를 매입)함으로써 다음과 같이 1년 후에는 2,320원의 차익을 얻을 수 있다.

거래내용	현재	1년 후	2년 후
선물 매도	0	96,000	−100,000
채권 A 공매	89,000	−93,680	0
채권 B 매입	−89,000	0	100,000
계	0	2,320	0

주어진 채권가격자료를 이용하여 1기의 현물이자율(r_1)과 2기의 선도이자율(f_2)을 구해보자.

$95,000(1+r_1) = 100,000$ 따라서, $r_1 = 5.26\%$

$89,000(1+0.0526)(1+f_2) = 100,000$ 따라서, $f_2 = 6.74\%$

만일 1년 후에 얻게 될 2,320원의 차익을 현재시점에서 실현하고자 한다면,

2,204원(=2,320/(1.0526))을 5.26%의 이자율로 차입하면 된다.

5.

① 앞으로의 주식시장의 하락을 예상하고, 현재 KOSPI 200이라는 현물을 보유하고 있으므로 KOSPI 200 선물을 매도함으로써 주가하락에 따른 위험을 완전헤지할 수 있다. 헤지를 위한 선물매도 계약수는 다음과 같다.

KOSPI 200 현물가격이 400포인트이므로 KOSPI 200 현물포트폴리오 1계약의 가치는 $400 \times 250,000 = 1$억 원이다. 따라서 10억원의 KOSPI 200 포트폴리오는 10계약에 해당한다. 투자자는 KOSPI 200 선물 10계약을 매도함으로써 위험을 헤지할 수 있다.

② ⅰ. 6개월만기 선물거래의 이론가격

$F_0 = S_0(1+r_f-y)^T = 400(1+0.0247-0.01) = 405.88$

6개월만기의 정기예금이자율이 연 5%이므로 6개월 이자율은 다음과 같다.

$r = (1+0.05)^{\frac{1}{2}} - 1 = 0.0247$

ⅱ. 헤지포트폴리오의 현금흐름

거래내용	현재	만기의 현금흐름
지수포트폴리오	10억원	S_T + 10억원 × 1%
선물매도(10계약)	0	$10 \times 405.88 \times 250,000 - S_T$
헤지포트폴리오	10억원	1,024,700,000원

$$수익률 = \frac{1,024,700,000 - 1,000,000,000}{1,000,000,000} = 2.47\%$$

완전헤지된 헤지포트폴리오의 수익률은 무위험이자율과 같다.

③ ⅰ. 헤지전략

보유주식의 수익률변동은 지수포트폴리오에 대한 베타가 0.5이므로 지수포트폴리오 수익률변동의 50%에 해당한다. 또 지수포트폴리오가 아닌 개별주식에 투자하고 있으므로 이를 KOSPI 200 선물을 이용하여 헤지를 하는 경우 교차헤지가 된다. 선물가격이 주어져 있지 않으므로 KOSPI 200 현물가격을 이용하여 헤지를 위한 최소분산헤지비율을 구하면, 식 15·16에 의해,

$$h = -\frac{S}{F} \times \beta_{SF} = -\frac{10억원}{400 \times 250,000} \times 0.5 = -5계약$$

ⅱ. 헤지포트폴리오의 베타

헤지포트폴리오는 베타가 0.5인 주식에 10억원, 선물 5계약 매도(거래금액 5억원)로 구성된 포트폴리오이다. 선물계약의 매도는 같은 금액만큼의 기초자산을 매도(공매)하여 무위험자산에 투자한 것과 같으므로 헤지포트폴리오는 다음과 같이 나타낼 수 있다.

- 주식 : $\beta = 0.5 \rightarrow 10억원 = 100\%$
- 선물계약의 매도 : 5억원(−50%)

  KOSPI 200 포트폴리오 : $\beta = 1 \rightarrow 5억원$ 매도 $= -50\%$

  무위험자산 : $\beta = 0 \rightarrow 5억원$ 투자 $= 50\%$

그러므로, 헤지포트폴리오 $\beta = 0.5 \times 1 + 1.0 \times (-0.5) + 0 \times 0.5 = 0$

6.

① 포트폴리오의 베타를 구하기 위해서는, 우선 각 자산의 베타를 구해야 한다.

$\beta_i = \frac{\sigma_{im}}{\sigma_m^2} = \frac{\rho_{im} \cdot \sigma_i \cdot \sigma_m}{\sigma_m^2} = \frac{\rho_{im} \cdot \sigma_i}{\sigma_m}$을 사용하여 각 자산의 베타를 구해 보자.

$$\beta_A = \frac{0.4 \times 0.6}{0.2} = 1.2$$

$$\beta_B = \frac{0.8 \times 0.7}{0.2} = 2.8$$

$$\beta_C = \frac{0.4 \times 0.5}{0.2} = 1$$

$$\beta_D = \frac{0.7 \times 0.8}{0.2} = 2.8$$

A, B, C, D 네 자산의 베타를 투자비율로 가중평균하여 포트폴리오 베타를 구할 수 있다.

$\beta_P = 0.2 \times 1.2 + 0.4 \times 2.8 + 0.1 \times 1 + 0.3 \times 2.8 = 2.3$

② $h = -\frac{S}{F} \times \beta_{SF} = -\frac{1\text{억원}}{109 \times 500{,}000} \times 2.3 = -4.22$

따라서, 선물 4계약을 매도한다.

③ ⅰ. 현물주식포트폴리오의 손익

주식	현재주가	1년 후 주가	보유주식수	투자손익
A	20,000	22,000	10,000	2,000,000
B	40,000	43,000	10,000	3,000,000
C	10,000	15,000	10,000	5,000,000
D	10,000	11,000	30,000	3,000,000
포트폴리오				13,000,000

ⅱ. 주가지수선물거래의 손익

$= 4\text{계약} \times 500{,}000 \times (109 - 115) = -12{,}000{,}000$

ⅲ. 선물거래 후의 순거래손익 $= 13{,}000{,}000 - 12{,}000{,}000 = 1{,}000{,}000$원

선물거래로 인한 순거래성과가 완전 헤지에서 벗어나는 이유는 선물계약단위를 절사한 것에 따른 영향이다.

④ 식 15·19를 이용하면 목표베타를 갖도록 포트폴리오를 관리할 수 있다.

ⅰ. 선물거래 계약수의 계산

$$h = \frac{S}{F}(\beta_H - \beta_{Sm}) = \frac{100{,}000{,}000}{109 \times 500{,}000} \times (0.5 - 2.3) = -3.3$$

즉, 주가지수선물 3계약을 매도한다. 선물거래의 매도는 선물거래 기초자산을 공매하여 무위험이자율에 예금하는 것과 같은 효과를 갖는다. 따라서 포트폴리오의 체계적 위험은 감소한다.

ⅱ. 현물포트폴리오의 손익 = 13,000,000원(이익)

ⅲ. 주가지수선물거래의 손익 $= 3\text{계약} \times 500{,}000(109 - 115) = -9{,}000{,}000$원(손실)

ⅳ. 포트폴리오의 손익 $= 13{,}000{,}000 - 9{,}000{,}000 = 4{,}000{,}000$원(이익)

7.

① 이자율이 상승하면 채권의 가격이 하락하므로 갑돌이는 현재 이자율상승위험에 직면하고 있다. 따라서 매도헤지가 필요하다. 식 15·24를 이용하면,

$$h = -\frac{\Delta B_S}{\Delta B_F} = -\frac{\Delta D_S^m}{\Delta D_F^m} \cdot \frac{\Delta y_S}{\Delta y_F} \cdot \frac{B_S}{B_F} = -\frac{5}{8} \times 1 \times \frac{100{,}000{,}000}{100{,}000} = -625$$

따라서, 국채 A에 대한 선물 625단위를 매도함으로써 헤지포지션을 취할 수 있다.

② 식 15·25를 이용하면,

$$\text{필요계약수}(h) = \frac{B_S}{B_F} \cdot \frac{(D_T^m - D_S^m)}{D_F^m} = \frac{100,000,000}{100,000} \times \frac{(8-5)}{8} = 375$$

따라서, 선물 375계약을 매입한다.

8. 본문참조

9.

매 결제일에 A가 지급할 이자는 1,000만 × 0.045 × (180/365) = $221,918이고, B가 지급할 이자는 100억 × 0.055 × (180/365) = 27,123만원이다. 따라서 A에게 발생하는 현금흐름은 다음 표와 같다.

현금흐름:

계약일	결제일 1	결제일 2	결제일 3	만기일	
+ $1,000만	−$221,918	−$221,918	−$221,918	−$221,918	−$1,000만
− 100억원	+27,123만원	+27,123만원	+27,123만원	+27,123만원	+100억원

B에게 발생하는 현금흐름은 A에게 발생하는 현금흐름에서 부호만 바꿔 주면 된다. 위와 같은 스왑은 A 회사가 원화로 채권을 발행하지만 미국의 이자율이 더 낮아 달러로 차입하는 것을 선호할 때 이용될 수 있다.

10. (주)대한투자신탁은 (주)삼성생명에 비해 고정금리에서 1.8%, 변동금리에서 1%씩 더 저렴하게 차입할 수 있다. 이처럼 두 시장에서 차입조건의 차이가 다르게 나타나는 것은 시장이 불완전함을 의미한다. (주)대한투자신탁은 고정금리시장에서 차입하는 것이 보다 유리하고, (주)삼성생명은 변동금리시장에서 차입하는 것이 상대적으로 유리하다. (주)대한투자신탁은 고정금리로, (주)삼성생명은 변동금리로 차입한 후 이를 스왑거래를 통해 교환하면 양 시장의 금리의 차이인 0.8%포인트에서 은행에 주는 수수료를 뺀 것 만큼의 금리를 절약할 수 있으며, 채권투자에서 오는 이자율변동위험을 헤지할 수 있다. 가능한 스왑계약을 예시하면 다음과 같다.

스왑계약의 내용 :

(주)대한투자신탁은 은행에 LIBOR + 1.2%의 변동금리를 지급하고 8%의 고정금리를 지급받는다. (주)삼성생명은 은행에 8.2%의 고정금리를 지급하고 LIBOR+1.2%의 변동금리를 받는다. 이러한 계약을 통해 은행은 0.2%의 수익을 얻고 두 회사는 각각 0.3%의 금리를 절약할 수 있다.

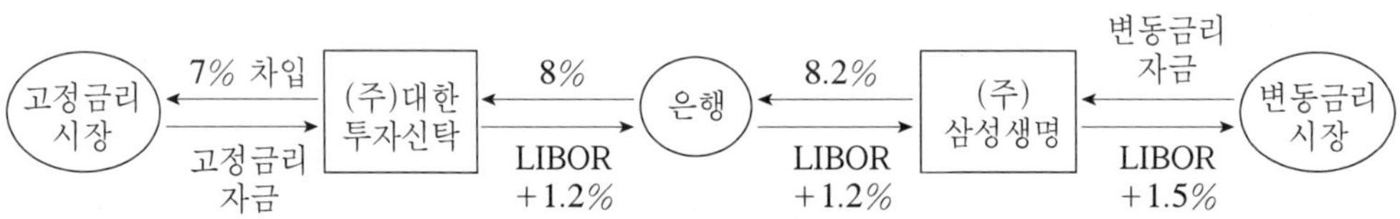

스왑거래의 이자비용 절약효과

	(주)대한투자신탁	(주)삼성생명
지급이자		
고정금리	7%	8.2%
변동금리	LIBOR + 1.2%	LIBOR + 1.5%
수입이자		
고정금리	8%	–
변동금리	–	LIBOR + 1.2%
순차입비용	LIBOR + 0.2%	8.5%
스왑거래 전 차입비용	LIBOR + 0.5%	8.8%
차입비용의 절약	+0.3%	+0.3%

스왑거래의 위험헤지 효과

(주)대한투자신탁

	스왑거래 전	스왑거래 후
이자수익	LIBOR + 2%	LIBOR + 2% 8.0%
이자비용	7.0%	7% LIBOR + 1.2%
영업이익	LIBOR – 5%	1.8%

(주)삼성생명

	스왑거래 전	스왑거래 후
이자수익	10%	10% LIBOR + 1.2%
이자비용	LIBOR +1.5%	LIBOR +1.5% 8.2%
영업이익	8.5% − LIBOR	1.5%

(주)대한투자신탁은 스왑계약을 통해 매년 1.8%의 확정적인 이자수익을 얻을 수 있다.
(주)삼성생명은 매년 1.5%의 확정이자수익을 얻을 수 있다.

11.

① 백두주식회사 주식에 대한 투자위험을 KOSPI 200 선물을 이용하여 헤지하는 교차헤지의 예이다. 식 15 · 16의 최소분산헤지비율을 구하면 다음과 같다.

$$h^* = -\frac{S}{F}\beta_{SF} = -\frac{10\text{억원}}{100 \times 500{,}000\text{원}} \times 0.5 = -10\text{계약}$$

즉, KOSPI 200 선물을 10계약 매도한다.

② 헤지포트폴리오의 성과

한 달간의 KOSPI 200 수익률이 −10%이므로 백두주식회사 주식의 수익률은 −5%이다.
따라서 투자손익은 다음과 같다.

현물주식의 투자손익 $= 10\text{억원} \times (-0.05) = -5,000\text{만원}$

선물거래의 투자손익 $= 10\text{계약} \times (100 - 90) \times 500,000\text{원} = +5,000\text{만원}$

헤지포트폴리오의 손익 $= -5,000\text{만원} + 5,000\text{만원} = 0$

제16장 옵 션

1.~5. : 본문참조

6.

① 풋-콜 등가식을 사용하여 구할 수 있다.

$$C = P + S - K \cdot e^{-r_f \cdot T}$$

$$= 4{,}000 + 50{,}000 - 50{,}000 \cdot e^{-0.1\left(\frac{1}{4}\right)} = 5{,}234.5\text{원}$$

② 천지기업 주식은 행사가격인 50,000원 안팎에서 변동한다. 따라서 스트래들을 발행하면 이익을 얻을 수 있다.

스트래들 발행의 현금흐름

포트폴리오 \ 현금흐름	현재의 현금흐름	3개월 후 현금흐름	
		$S_T \geq 50{,}000$	$S_T < 50{,}000$
콜옵션 발행 풋옵션 발행	C_0(=5,234.5원) P_0(=4,000원)	$-(S_T - 50{,}000)$ 0	0 $-(50{,}000 - S_T)$
스트래들 발행	$C_0 + P_0$(=9,234.5원)	$50{,}000 - S_T$	$-50{,}000 + S_T$

이익의 최대한도 = 9,234.5원($S_T = K$일 때)

손익 = 0이 되는 점($\Delta S = \pm 9{,}234.5$)

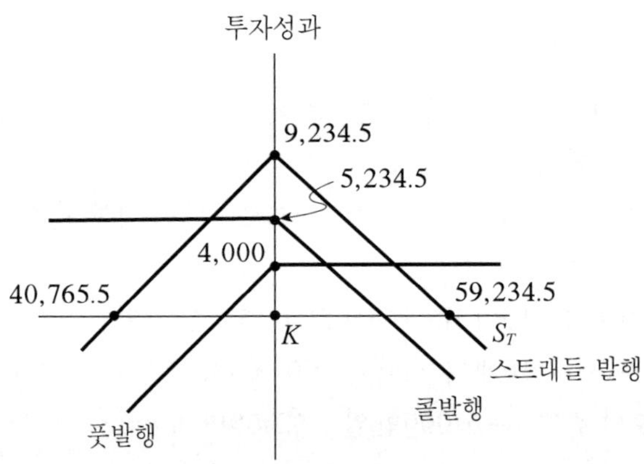

③ 풋-콜 등가식에 의해

$$S = C - P + K \cdot e^{-r_f \cdot T}$$

$$= 5{,}234.5 - 4{,}000 + 50{,}000 \cdot e^{-0.1 \times \frac{1}{4}} = 50{,}000\text{원}$$

즉, 콜옵션 1개를 구입하고 풋옵션 1개를 발행하며, 무위험무이표채를 구입함으로써 주식과 동일한 투자성과를 올릴 수 있다. 또 이 포트폴리오의 구성원가는 현재의 주식가격과 동일하다.

7.

① 풋–콜 등가식에 의해

$P = C + K \cdot e^{-r_f \cdot T} - S = 10{,}000 + 100{,}000 \cdot e^{-0.1 \times 1} - 100{,}000 = 484$원

② 풋옵션의 시장가격 = 2,000원 > 풋옵션의 균형가격 = 484원이므로, $S + P > C + K \cdot e^{-r_f \cdot T}$인 상태이다. 따라서, 주식을 공매하고 풋옵션을 발행하여 얻은 자금으로 콜옵션을 매입하고 무위험채권에 투자함으로써 차익을 얻을 수 있다.

거래내용	현재의 현금흐름	만기일의 현금흐름	
		$S_T > 100{,}000$	$S_T \leq 100{,}000$
주식 공매	+100,000	$-S_T$	$-S_T$
풋옵션 발행	+2,000	0	$-(100{,}000 - S_T)$
콜옵션 매입	−10,000	$S_T - 100{,}000$	0
채권 구입	−90,484	100,000	100,000
차익거래 포트폴리오	1,516	0	0

8.

① $S + P = C + K \cdot e^{-r_f \cdot T}$에서, $50{,}000 + 454 = 5{,}000 + 50{,}000 \cdot e^{-r_f \cdot 1}$이므로, $r_f = 10\%$이다.

② 주식을 사고 풋옵션을 1개 매입하는 방어 풋 전략 구성을 통해 주식가격이 50,000원 이하로 떨어지는 경우에 대비할 수 있다. 방어 풋 전략의 성과는 다음과 같다.

거래내용	현재의 투자원가	만기일의 현금흐름	
		$S_T > 50{,}000$	$S_T \leq 50{,}000$
주식 구입	50,000	S_T	S_T
풋옵션 구입	454	0	$50{,}000 - S_T$
방어적 풋	50,454	S_T	50,000

③ 주식을 구입하고 콜옵션을 발행하는 전략은 방비 콜이다.

거래내용	만기일의 성과	
	$S_T > 50{,}000$	$S_T \leq 50{,}000$
주식 구입 콜옵션 발행	S_T $-(S_T - 50{,}000)$	S_T 0
방비콜	50,000	S_T

9.

① 12월만기 행사가격 345.0인 콜옵션의 현재가격은 1.01이며, 만기일에 KOSPI 200 현물가격이 343.50인 경우 콜옵션은 행사되지 않는다.

콜옵션 구입대금 만기일의 성과	$-1.01 \times 50{,}000 \times 2 = -101{,}000$ 0
순투자성과	−101,000

② 만기일에 KOSPI 200 현물가격이 346.50인 경우 콜옵션은 행사된다.

콜옵션 구입대금 만기일의 성과	$-1.01 \times 50{,}000 \times 2 = -101{,}000$ $(346.50 - 345.0) \times 50{,}000 \times 2 = 150{,}000$
순투자성과	49,000

③ 콜옵션과 풋옵션을 하나씩 매입하는 전략은 스트래들이다.
스트래들의 만기일의 성과는 다음과 같다.

	$S_T > 345$	$S_T \leq 345$
콜옵션 풋옵션	$S_T - 345$ 0	0 $345 - S_T$
스트래들	$S_T - 345$	$345 - S_T$

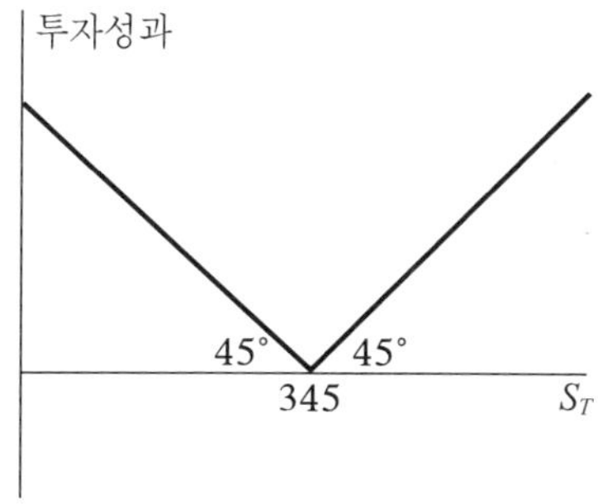

④ $P = C + K \cdot e^{-r_f \cdot T} - S = 3 + 345 \cdot e^{-0.05 \cdot \frac{1}{12}} - 344.89 = 1.68$

시장에서의 풋옵션 가격 > 균형가격이므로, $S + P > C + K \cdot e^{-r_f \cdot T}$이다. 따라서 주식을 공매하고, 풋옵션을 발행하여 조달된 자금으로 콜옵션을 매입하고 무위험 채권에 투자하여 차익을 얻을 수 있다.

거래내용	현재의 현금흐름	만기일의 현금흐름	
		$S_T > 345$	$S_T \leq 345$
주식공매	+344.89	$-S_T$	$-S_T$
풋옵션 발행	+7.55	0	$-(345 - S_T)$
콜옵션 매입	−3	$S_T - 345$	0
채권 구입	−343.57	345	345
차익거래 포트폴리오	5.87	0	0

10. 이 문제는 다음 장의 이항옵션가격결정모형과 블랙-숄즈 옵션가격결정모형을 공부한 후 풀어야 한다.

① i . 주식과 풋옵션을 결합하여 주가변동위험을 헤지하는 헤지포트폴리오를 구성해 보자.

헤지포트폴리오 = $S + h \cdot P$

헤지포트폴리오의 가치

시점 0	시점 1
$S_0 + h \cdot P = 100{,}000 + h \cdot P_0$	$U + h \cdot P_U = 110{,}000$
	$D + h \cdot P_D = 90{,}000 + 100{,}000h$

헤지포트폴리오가 되기 위한 기본 조건은 두 상황에서 포트폴리오의 가치가 동일하여야 하므로,

$U + h \cdot P_U = D + h \cdot P_D$이므로 $110{,}000 = 90{,}000 + 10{,}000h$

따라서, $h = 2$

ⅱ. 풋옵션 가격

ⅰ에서 구성한 포트폴리오가 무위험 헤지포트폴리오이므로, 이 포트폴리오의 수익률은 무위험이자율과 같다.

$(100{,}000 + h \cdot P_0)(1 + 0.05) = 110{,}000$

따라서, $P_0 = 2{,}381$원

② 천지기업 주식 1주의 가치를 옵션의 행사가격 수준 이상으로 보전하는 데 들어가는 순비용은 풋옵션의 가격인 2,381원이다. 투자수익률을 구해 보자.

ⅰ. 방어 풋 전략으로 구성된 포트폴리오의 현재가치

$S + P = 102{,}381$원

ⅱ. 1년 후의 가치

$U + P_U = 110{,}000$원

$D + P_D = 90{,}000 + 10{,}000 = 100{,}000$원

ⅲ. 투자수익률 $= \dfrac{0.5(110{,}000 + 100{,}000) - 102{,}381}{102{,}381} = 2.56\%$

③ 블랙-숄즈의 옵션가격결정모형이 성립하는 경우 방어 풋 전략은 콜옵션과 무위험채권의 결합 또는 주식과 무위험채권의 결합으로 구성될 수 있다.

$$S + P = C + K \cdot e^{-r_f \cdot T} = S \cdot N(d_1) - K \cdot e^{-r_f \cdot T} \cdot N(d_1 - \sigma\sqrt{T}) + K \cdot e^{-r_f \cdot T}$$
$$= S \cdot N(d_1) + K \cdot e^{-r_f \cdot T}[1 - N(d_1 - \sigma\sqrt{T})]$$

따라서, 주식을 $N(d_1)$주 매입하고 무위험할인채권을 $1 - N(d_1 - \sigma\sqrt{T})$단위만큼 구입하는 전략으로 방어 풋 전략과 동일한 성과를 달성할 수 있다.

11.

① ⅰ. 갑돌이의 투자전략

지수펀드 매입

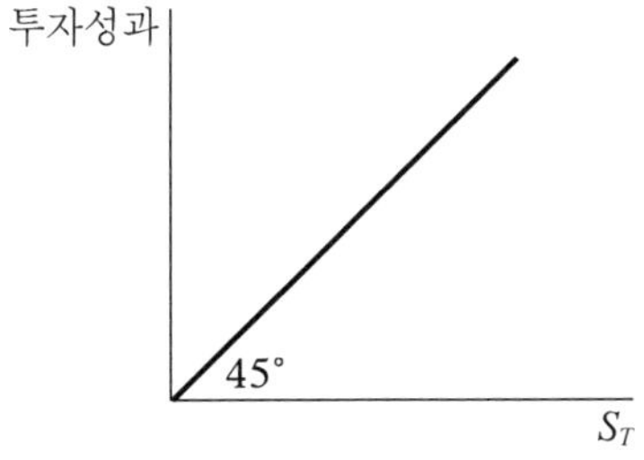

풋옵션 매입(행사가격 = 40,000원)

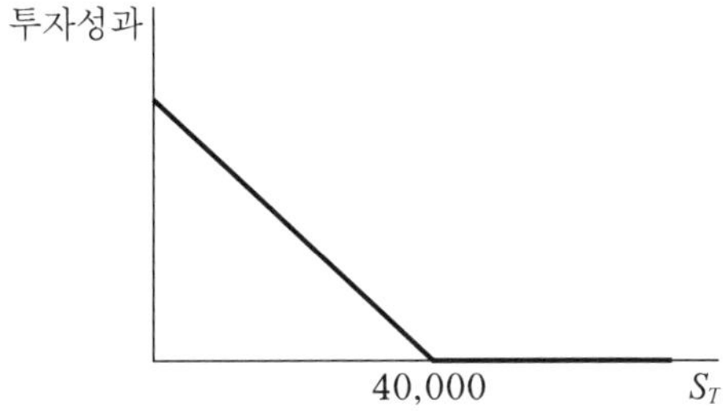

방어 풋 전략(풋옵션 행사가격 = 40,000원)

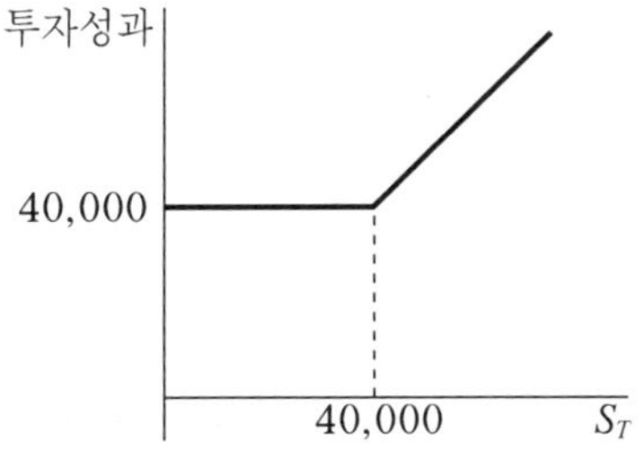

ii. 갑순이의 투자전략

지수펀드 매입

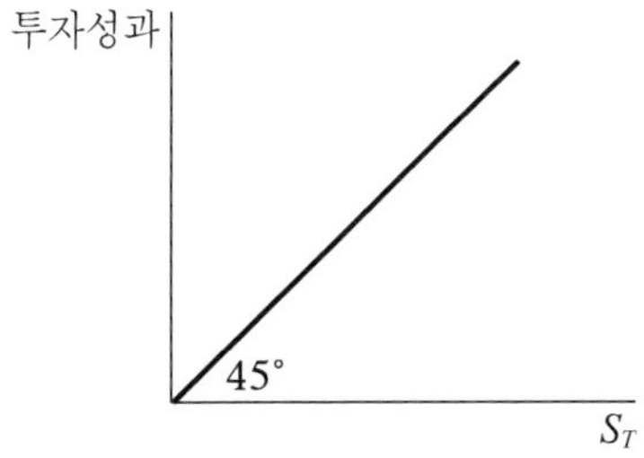

풋옵션 매입

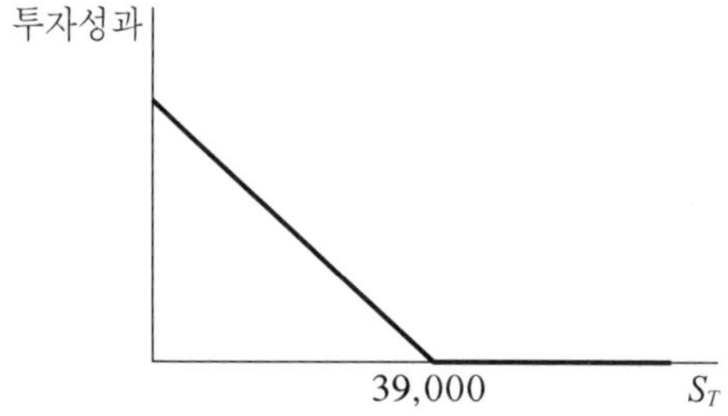

방어 풋 전략(풋옵션 행사가격 = 39,000)

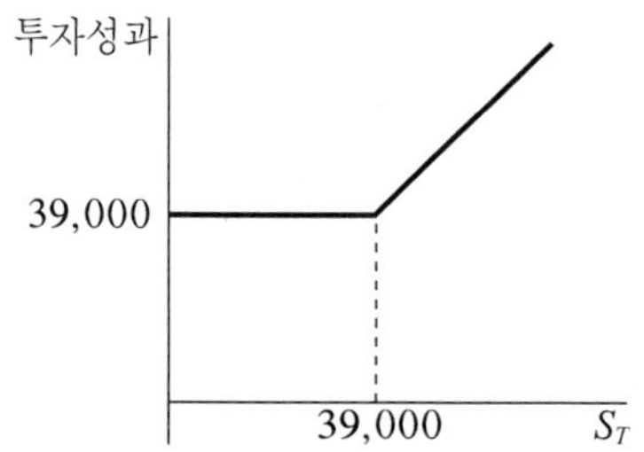

② 갑순이의 전략은 갑돌이의 전략에 비해 행사가격이 낮은 풋옵션을 구입하는 것이다. 이 전략을 따르는 경우 옵션의 구입가격이 보다 낮으므로 투자비용을 줄일 수 있다 $(2,000-1,500=500)$. 그러나 만기일에 주가가 하락하는 경우 갑돌이의 투자전략은 포트폴리오의 가치를 최소한 40,000원 수준으로 유지할 수 있으나, 갑순이의 전략을 따르는 경우 최소유지수준은 39,000원이 된다. 따라서 풋옵션 구입비용의 차이를 고려하는 경우 미래주가가 39,500원 이상으로 형성되는 경우 갑순이의 전략이 보다 나은 순성과를 가져다주나, 주가가 39,500원 미만으로 떨어지는 경우 갑돌이의 투자전략이 보다 나은 순성과를 가져다준다.

제17장 옵션의 가격결정과 응용

1.~5. : 본문참조

6. 풋-콜 등가식을 이용하면,

$S+P=C+K\cdot e^{-r_f\cdot T}$

따라서 $25,000 + P = 2,500 + 28,000 \cdot e^{-0.1 \times 2}$이다.

P를 구하면 $P = 424.46$원이다.

7.

① 주가상승 시 콜옵션가치 = Max[0, 12,000 − 10,000] = 2,000원

주가하락 시 콜옵션가치 = Max[0, 7,000 − 10,000] = 0

② 무위험포트폴리오의 구성

주식 1주를 매입하고 콜옵션 m단위를 발행하는 포트폴리오를 구성해 보자.

시점 0	시점 1
$S - m \cdot C = 10,000 - mC$	$U - m \cdot C_U = 12,000 - m \cdot 2,000$
	$D - m \cdot C_D = 7,000$

이 포트폴리오의 가치는 주가상승 시에 $12,000 - m \cdot 2,000$이며, 주가하락 시에 7,000이다. 두 상태에서 포트폴리오의 가치가 동일하여야 하므로,

$12,000 - m \cdot 2,000 = 7,000$ 따라서, $m = 2.5$이다.

③ 주식 1주를 매입하고 2.5개의 콜옵션을 매도(즉, 주식 2주 매입과 콜옵션 5개 매도)하여 구성한 포트폴리오는 만기일에 주가 변동과 관계 없이 7,000원의 확실한 가치를 갖는다. 그리고 현재의 투자액은 $10,000 - 2.5C$이므로(단, C는 콜옵션의 현재가치), $(10,000 - 2.5C)(1 + 0.08) = 7,000$의 관계가 성립한다. C를 구하면, $C = 1,407$원이다.

④ ⅰ. 주식 1주와 h개의 풋옵션으로 포트폴리오를 구성할 경우 포트폴리오의 가치는 다음과 같다.

시점 0	시점 1
$S + hP$	$U + h \cdot P_U = 12,000 + h \times \text{Max}[0, 10,000 - 12,000] = 12,000$
	$D + h \cdot P_D = 7,000 + h \times \text{Max}[0, 10,000 - 7,000] = 7,000 + 3,000h$

무위험헤지포트폴리오가 되려면 위의 두 상태에서의 포트폴리오 가치가 동일해야 하므로,

$12,000 = 7,000 + 3,000h$ 따라서, $h = \frac{5}{3}$

ⅱ. 주식 1주와 풋옵션 $\frac{5}{3}$개의 매입(즉, 주식 3주와 풋옵션 5개의 매입)을 통해 구성한

포트폴리오는 무위험포트폴리오이므로,

$\left(10{,}000 + \frac{5}{3}P\right)(1.08) = 12{,}000$이 된다. 따라서, $P = 667$원이다.

8. ① ⓐ 주식을 1주 사고 콜옵션을 m개 발행하여 헤지포트폴리오를 구성한다 할 때 이 포트폴리오의 현재와 만기시점의 가치는 다음과 같다.

시점 0	시점 1
$S - m \cdot C = 80{,}000 - mC$	$92{,}000 - m \cdot C_U = 92{,}000 - 22{,}000 \cdot m$
	$64{,}000 - m \cdot C_D = 64{,}000 - 0 \cdot m$

헤지포트폴리오는 만기일에 주가변동과 관계없이 일정한 가치를 가져야 한다.

따라서, $92{,}000 - 22{,}000 \cdot m = 64{,}000,\ \ m = \frac{14}{11}$이다.

즉, 주식을 11주 사고 콜옵션을 14개 발행하여 헤지포트폴리오를 구성할 수 있다.

ⓑ 순투자금액 $= 11 \cdot S - 14 \cdot C = 880{,}000 - 14 \cdot C$

콜옵션의 가격 C를 구하면, 무위험포트폴리오의 투자수익률은 무위험이자율이므로,

$\left(80{,}000 - \frac{14}{11}C\right)(1.1) = 64{,}000$ 따라서, $C = 17{,}143$원

순투자금액 $= 880{,}000 - 14 \cdot (17{,}143) = 640{,}000$원

ⓒ 풋-콜 등가식을 통해서,

$P = C + \frac{K}{(1+r_f)^T} - S = 17{,}143 + \frac{70{,}000}{1.1} - 80{,}000 = 780$원

ⓓ 콜옵션의 가격은 주가의 상승 또는 하락 확률과 관계가 없다.

② 콜옵션의 가격은 투자자의 위험에 대한 태도와 관계가 없다. 식 17·9 및 식 17·14와 식 17·15로 평가되는 콜옵션가격은 위험회피형, 위험중립형, 위험선호형 투자자 모두에게 성립하는 균형가격이다.

③ 풋-콜 등가식에서 $S + P - C = \frac{K}{(1+r_f)^T}$

따라서, 주식 1주를 사고 풋옵션 1개를 사고 콜옵션 1개를 발행하면 무위험채권에 투자한 것과 동일한 성과를 얻는다.

순투자금액 $= S + P - C = 80{,}000 + 780 - 17{,}143 = 63{,}637$원

9.

① 이산복리 무위험이자율을 연속복리 무위험이자율로 전환하면

$r_f = \ln(1+0.1051) = 0.1$이다. 블랙-숄즈 모형에서

$$d_1 = \frac{\ln(S/K) + (r_f + \frac{1}{2}\sigma^2)T}{\sigma\sqrt{T}} = \frac{\ln(25{,}000/30{,}000) + \left(0.1 + \frac{1}{2}\times 0.348\right)\times\frac{1}{2}}{\sqrt{0.348\times\frac{1}{2}}} = 0.53$$

$$d_2 = d_1 - \sigma\sqrt{T} = 0.53 - \sqrt{0.348\times\frac{1}{2}} = 0.11$$

표준정규분포를 이용하여 $z = 0.53$과 $z = 0.11$에 해당하는 누적확률을 구하면,

$N(d_1) = N(0.53) = 0.5 + 0.2019 = 0.7019$,

$N(d_2) = N(0.11) = 0.5 + 0.0438 = 0.5438$

② 블랙-숄즈 모형에서

$C = S \cdot N(d_1) - K \cdot e^{-r_f \cdot T} \cdot N(d_2)$

$= 25{,}000 \cdot 0.7019 - 23{,}000 \cdot e^{-0.1\cdot\frac{1}{2}} \cdot 0.5438 = 5{,}650$원

③ 풋-콜 등가식을 이용하면

$S + P = C + K \cdot e^{-r_f \cdot T}$

$25{,}000 + P = 5{,}650 + 23{,}000 \cdot e^{-0.1\cdot\frac{1}{2}}$

$P = 2{,}528$원이다.

④ 콜옵션 델타 $= N(d_1) = 0.7019$

따라서, 콜옵션 100단위 보유 시 주식을 70주 공매하면 헤지포트폴리오가 된다.

10. 본문참조

11.

① 전환권의 가치 = 전환가치 − 일반사채의 가치

전환가치 $= 30{,}000 \times 50\left(= \frac{1{,}000{,}000}{20{,}000}\right) = 1{,}500{,}000$원

일반사채의 가치 $= \sum_{t=1}^{10} \frac{500{,}000}{(1.1)^t} + \frac{100{,}000}{(1.1)^{10}} = 1{,}307{,}228$원

전환권의 가치 $= 1{,}500{,}000 - 1{,}307{,}228 = 192{,}772$원

전환권의 가치는 전환가치(또는 주식가격)를 기초자산의 가치로, 사채의 가치(또는 1주당 사채가치)를 행사가격으로 하는 콜옵션의 가치이다. 옵션의 만기일은 바로 전환권의 행사가능일이다.

② 전환사채의 시장가격은 일반사채의 시장가격과 전환가치 중 큰 것보다 작은 값을 갖지 않는다.

12.

① 일반채권이라면, $B_0 = \sum_{t=1}^{5} \frac{12,000}{(1.14)^t} + \frac{100,000}{(1.14)^5} = 93,134$원

② 주어진 자료에서 $S = 15,000$, $T = 3$, $\sigma = 0.4$, $r_f = 0.1$이다. 행사가격(K)은 다음을 통해 구한다.

ⅰ. K는 전환권 행사시점(T)에서의 일반사채의 가치이다. 따라서, 먼저 3년도 말 시점에서 채권의 가치를 구해야 한다.

$$B_3 = \frac{12,000}{(1.14)} + \frac{112,000}{(1.14)^2} = 96,707\text{원}$$

이를 전환비율(6)로 나누어 주당 전환가격(행사가격)을 구한다.

$$K = \frac{96,707}{6} = 16,118\text{원}$$

ⅱ. 블랙-숄즈 모형을 이용해 주당 전환권의 가치를 구한다.

$$C = S \cdot N(d_1) - K \cdot e^{-r_f \cdot T} \cdot N(d_2)$$

$$d_1 = \frac{\ln(15,000/16,118) + \left(0.1 + \frac{1}{2}(0.4)^2\right)3}{0.4\sqrt{3}} = 0.6756$$

$$d_2 = d_1 - \sigma\sqrt{T} = -0.01722$$

표준정규분포표를 이용해 누적확률을 구하면,

$N(0.6756) = 0.7517$, $N(-0.01722) = 0.492$

따라서, $C = 15,000 \times (0.7517) - 16,118 \cdot e^{-0.1 \times 3} \cdot (0.492) = 5,400$원

③ 전환사채 가격 = 일반사채로서의 가치 + 전환권의 가치

전환권의 총가치 = 5,400 × 6 = 32,400원

전환사채의 가격 = 93,134 + 32,400 = 125,534원

13. ⅰ. 희석화효과 고려 전의 신주인수권의 가치

문제로부터, $S = 25,000$, $K = 20,000$, $T = 5$, $\sigma = 0.5$, $r_f = 0.1$을 얻을 수 있다.

$$C = S \cdot N(d_1) - K \cdot e^{-r_f \cdot T} \cdot N(d_2)$$

$$d_1 = \frac{\ln(25/20) + \left(0.1 + \frac{1}{2}(0.5)^2\right)5}{0.5\sqrt{5}} = 1.2058$$

$$d_2 = d_1 - \sigma\sqrt{T} = 0.08778$$

$N(1.2058) = 0.8860$, $N(0.08778) = 0.5359$

$C = 25,000 \times 0.8860 - 20,000 \cdot e^{-0.1 \times 5} \cdot (0.5359) = 15,649$원

ⅱ. 희석화효과 고려 후의 신주인수권의 가치

$$15,649 \times \frac{200}{200+20} = 14,226\text{원}$$

14.

① ⅰ. 자기자본의 가치

자기자본의 가치는 기업의 가치를 기초자산가치로 하고 사채의 액면가액을 행사가격(K)으로 하는 콜옵션으로 볼 수 있으므로 콜옵션의 가치평가모형에 따라 각 후보지별로 자기자본의 가치를 평가하면 다음과 같다.

ⓐ 기업가치의 분포 : 일산

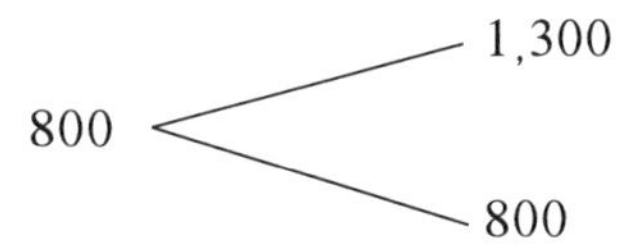

이항옵션가격모형을 이용하여 구할 수 있다. 식 17·14를 이용해 보자.

$$u = \frac{1,300}{800} = 1.625, \quad d = \frac{800}{800} = 1$$

따라서, $p = \dfrac{1 + r_f - d}{u - d} = \dfrac{1.07 - 1}{1.625 - 1} = 0.112, \quad (1-p) = 0.888$

$$C = \frac{pC_U + (1-p)C_D}{1 + r_f} = \frac{0.112 \cdot 700 + 0.888 \cdot 200}{1.07} = 239\,(\text{억원})$$

일산을 선택할 경우 자기자본의 가치는 239억원이다.

ⓑ 기업가치의 분포 : 분당

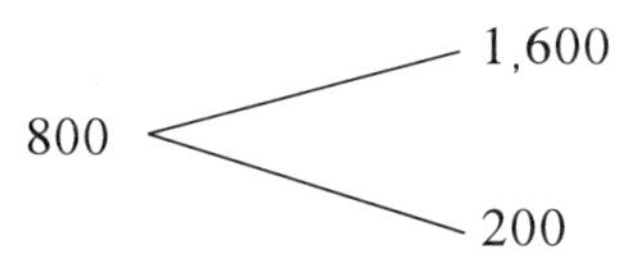

$$u = \frac{1,600}{800} = 2 \quad d = \frac{200}{800} = 0.25$$

$$p = \frac{1 + r_f - d}{u - d} = \frac{1.07 - 0.25}{1.75} = 0.4686 \quad (1-p) = 0.5314$$

$$C = \frac{pC_U + (1-p)C_D}{1 + r_f} = \frac{0.4686 \cdot 1,000 + 0.5314 \cdot 0}{1.07} = 438\,(\text{억원})$$

분당을 선택할 경우 자기자본의 가치는 438억원이다.

ⅱ. 타인자본의 가치

타인자본의 가치는 기업의 가치에서 자기자본의 가치를 뺀 것으로 평가할 수 있다. 각

후보지별로 타인자본의 가치를 구하면,

ⓐ 일산 : 800 − 239 = 561(억원)

ⓑ 분당 : 800 − 438 = 362(억원)

② 채권자들은 파산가능성이 있는 분당을 선택하는 것보다는 어느 상황에서든 원리금을 확보할 수 있는 일산에 투자하려 할 것이다. 주주들은 위험이 더 큰 분당에 투자함으로써 자신들의 부를 더 증가시킬 수 있으므로 분당에 투자하려 할 것이다. 액면가액 600억원이라는 같은 조건의 채권이라 할지라도 이처럼 투자안의 불확실성을 고려하면 그 현재가치는 달라진다. 1년 후 타인자본의 가치를 구하면,

〈일산〉

성공과 실패, 두 경우 모두 기업가치가 타인자본가치를 초과하므로 1년 후 타인자본가치는 600억원으로 일정하다. 따라서 이 현금흐름은 확실한 현금흐름이므로 600억원을 무위험이자율로 할인하면 위에서 구한 561억원과 같은 결과를 얻을 수 있다.

〈분당〉

성공할 경우 : 600억원

실패할 경우 : 200억원

실패하는 경우 채권자들이 확보할 수 있는 금액은 액면금액 600억원이 아니라 기업가치인 200억원이다. 기업가치의 변동성이 커질수록 채권자 지분의 가치는 떨어지게 된다.

주주들의 경우 주식의 가치는 기업가치를 기초자산으로 하는 콜옵션의 가치로 볼 수 있으므로 기초자산의 변동성이 커질수록 옵션의 가치가 커진다는 옵션의 성질에 따라 더 위험한 투자안을 선택할 유인을 갖는다. 여기서 채권자와 주주의 목표불일치가 생기고 효율적인 시장이라면 채권자들은 주주의 이러한 의도를 알고 있으므로 파산가능성이 있는 기업에 투자 시 더욱 높은 기대수익률을 요구하게 되어 타인자본비용이 상승하게 된다. 결국 이러한 위험유인(risk incentive)에 따른 비용은 효율적인 시장에서는 주주에게 전가된다.

15.

콜옵션델타는 0.8이며, 백두주식회사 주식수익률의 삼성전자 주식수익률에 대한 민감도는 0.4이다. 옵션을 이용하는 경우 헤지를 위해 매도해야 할 콜옵션 계약수는 다음과 같이 구할 수 있다.

$$\text{콜옵션 매도계약수} = \frac{1}{\text{옵션델타}} \times \text{민감도} \times \frac{\text{현물투자금액}}{\text{삼성전자 1주당 가격}}$$

$$= \frac{1}{0.8} \times 0.4 \times \frac{\text{10억원}}{\text{400,000원}} = \text{1,250계약}$$

삼성전자 주식가격의 변동이 −4,000원이므로, 삼성전자 주식에 대한 콜옵션의 가격 변동은 −4,000×0.8=−3,200원이다. 또 삼성전자 주식수익률은 −1%이므로 백두주식회사 주식수익률은 −1%×0.4=−0.4%이다. 투자성과는 다음과 같다.

현물투자성과 = 10억원×(−0.4%) = −4,000,000원

옵션매도포지션의 거래성과 = 1,250계약×(+3,200) = 4,000,000원

헤지포트폴리오의 손익 = 0

16.

삼화전자 주식에 대해 선물계약이 거래되는 경우 균형선물가격은 현물–선물등가식에 의해 다음과 같이 표현된다.

$F = S \cdot e^{r_f \cdot T}$

균형선물가격은 100,000 × 1.05 = 105,000원이다. 따라서 방어 풋 전략은 선물을 이용하면 다음의 두 방법으로 구성할 수 있다.

① $S + P = S \cdot N(d_1) + K \cdot e^{-r_f \cdot T}(1 - N(d_2))$

$\quad = F \cdot e^{-r_f \cdot T} \cdot N(d_1) + K \cdot e^{-r_f \cdot T}(1 - N(d_2))$

② $S + P = F \cdot e^{-r_f \cdot T} + P +$ 무위험채권

즉, 선물을 이용할 경우 포트폴리오보험은 선물과 무위험채권에 대한 투자 또는 선물, 풋옵션, 무위험채권에 대한 투자로 구성할 수 있다.

①의 방법을 이용하면 선물을 $N(d_1)$계약 매입하고 투자비용 전액을 무위험무이표채에 투자하면 된다. 현금흐름을 보이면 다음과 같다.

거래내용	현재가치	기말의 투자성과	
		주가상승 시	주가하락 시
선물 0.5계약 매입	0원	2,500원	−7,500원
무위험무이표채 매입	102,381	107,500	107,500
	102,381원	110,000원	100,000원

제18장 투자성과의 평가

1.~6. : 본문참조

7.

① 샤프척도에 의한 성과의 순위

펀드	$\bar{r}_i$	$\bar{r}_f$	$\bar{\sigma}_i$	샤프척도$\left(=\frac{\bar{r}_i-\bar{r}_f}{\bar{\sigma}_i}\right)$	평가순위
A	24%	10%	36%	0.388	④
B	32%	10%	40%	0.611	①
C	26%	10%	40%	0.400	③
D	18%	10%	25%	0.320	⑤
E	40%	10%	70%	0.429	②

② M2지표에 의한 성과의 순위

펀드	$w\left(=\frac{\sigma_m}{\sigma_P}\right)$	$\bar{r}_{i*}$	$\bar{r}_m$	M2지표$(\bar{r}_{i*}-\bar{r}_m)$	평가순위
A	55.56%	17.77%	20%	−2.23%	④
B	50%	21%	20%	1%	①
C	50%	18%	20%	−2%	③
D	80%	16.4%	20%	−3.6%	⑤
E	28.57%	18.57%	20%	−1.43%	②

③ 트레이너지표에 의한 성과의 순위

펀드	$\bar{r}_i$	$\bar{r}_f$	$\bar{\beta}_i$	트레이너지표$\left(=\frac{\bar{r}_i-\bar{r}_f}{\bar{\beta}_i}\right)$	평가순위
A	24%	10%	1.5	9.333	⑤
B	32%	10%	1.2	18.333	①
C	26%	10%	1.0	16.000	②
D	18%	10%	0.7	11.482	④
E	40%	10%	2.0	15.000	③

④ 젠센지표에 의한 성과의 순위

펀드	$\bar{r}_i$	위험조정수익률 $(=\bar{r}_f+(\bar{r}_M-\bar{r}_f)\bar{\beta}_i)$	젠센지표 $(=\bar{r}_i-$ 위험조정수익률)	평가순위
A	24%	10+(10)1.5=25%	−1.00%	④
B	32%	10+(10)1.2=22%	10.00%	①
C	26%	10+(10)1.0=20%	4.00%	②
D	18%	10+(10)0.7=17%	1.00%	③
E	40%	10+(10)2.0=30%	10.00%	①

⑤ 평가비율에 의한 성과의 순위

펀드	젠센지표	잔차의 표준편차	평가비율 $= \dfrac{\text{젠센지표}}{\text{잔차의 표준편차}}$	평가순위
A	−1%	20%	−0.0500	⑤
B	10%	32%	0.3125	①
C	4%	35%	0.1143	③
D	1%	21%	0.0476	④
E	10%	57%	0.1754	②

8.

① 주식시장의 샤프지표 $= \dfrac{20-10}{30} = 0.3333$

투자신탁 A의 샤프지표 $= \dfrac{25-10}{40} = 0.375$

② 투자신탁 A의 비정상수익률$(AR) = 25-[10+(20-10)\,1.2] = 3\%$

③ 완전히 분산투자된 경우 이론적 베타 : $\hat{\beta}_H = \dfrac{\sigma_A}{\sigma_m} = \dfrac{40}{30} = 1.3333$

완전히 분산투자된 경우의 기대수익률 $= 10+(20-10)(\,1.3333) = 23.33\%$

불완전한 분산투자손실 $= 23.33-[10+(20-10)\,1.2] = 1.33\%$

순선택능력 $= 25-23.33 = 1.67\%$

9. i . 자산배분의 차이가 가져오는 투자성과의 차이

(단위 : %)

자산	실제배분	기준배분	초과배분 (전술적 자산배분)	지수수익률-기준수익률	전술적 자산배분 차이에 따른 성과차이
주식	50	60	−10	+3.4	−0.34
회사채	30	30	0	−4.6	0.0
정기예금	20	10	+10	−6.6	−0.66
자산배분의 차이에 따른 성과차이					−1.00

ii . 종목선택에 따른 투자성과의 차이

(단위 : %)

자산	실제수익률	지수수익률	초과수익률 (실제−지수)	자산배분비율	종목선택 차이에 따른 성과차이
주식	24	20	4	50	2
회사채	15	12	3	30	0.9
정기예금	10	10	0	20	0
종목선택의 차이에 따른 성과차이					2.9

iii. 포트폴리오 성과의 의사결정요소별 분해

(단위 : %)

의사결정요소		각 요소에 기인하는 투자성과
1. 기준포트폴리오(전략적 자산배분)		16.6
2. 전술적 자산배분		−1.0
3. 종목선택		
(1) 주식포트폴리오	2.0	
(2) 회사채 포트폴리오	0.9	2.9
실제포트폴리오		18.5

제19장 투자관리과정

1.~10. : 본문참조

[제5판]
현대투자론 — 연습문제 풀이 및 해답

2023년 10월 10일 제5판 1쇄 인쇄
2023년 10월 15일 제5판 1쇄 발행

저 자 박정식 · 박종원 · 엄윤성
발행인 강 희 일 · 박 은 자

발행처 **다 산 출 판 사**

서울특별시 마포구 대홍로 6길 8
등 록 1979. 6. 5. 제 3-86호(윤)
전 화 717-3661~2
F A X 716-9945

정가 5,000원

파본은 바꾸어 드립니다.

http://www.dasanbooks.co.kr
ISBN 978-89-7110-651-8 93320